CÓMO DESARROLLAR
LA AUTOESTIMA
EN NIÑOS Y ADOLESCENTES

COLECCIÓN

AUTOAYUDA

CÓMO DESARROLLAR LA AUTOESTIMA EN NIÑOS Y ADOLESCENTES

Potencia la personalidad y el bienestar emocional de tu hijo, ayudándole a confiar en sí mismo

GAEL LINDENFIELD

Neo Person

Primera edición: octubre de 1998
Segunda edición: junio de 1999

Título original: *Confident Children*

Traducción: José Real Gutiérrez
Diseño de portada: Miguel Ángel Parreño

© Gael Lindenfield, 1994

La autora reivindica el derecho moral de ser identificada
como la autora de este libro.

Publicado originalmente en inglés por Thorsons,
una división de HarperCollinsPublishers Ltd.

De la presente edición en castellano:
© Neo Person Ediciones, 1998
  Alquimia, 6
  28933 Móstoles (Madrid) - España
  Tels.: 91 617 08 67 - 91 614 58 49
  Fax: 91 618 40 12
  E-mail: alfaomega@sew.es - www.alfaomegadistribucion.com

Depósito legal: M. 23.284-1999
I.S.B.N.: 84-88066-60-0
Impreso en España por: Artes Gráficas COFÁS, S. A.

Para mi hija Laura —que este año da sus primeros pasos en el mundo de los adultos—, con el más profundo amor, imperecedera admiración y eterna gratitud por enriquecer mi vida y enseñarme tanto sobre la crianza y la educación de los hijos.

Agradecimientos

Aunque soy la autora de este libro, sé que muchas de las ideas y estrategias que contiene son el fruto de los conocimientos que he adquirido de cientos y cientos de personas. En particular, me gustaría dar las gracias:

— A todos los asistentes a mis cursos, que de forma tan sincera han hecho partícipes a los demás de su niñez y de las luchas que personalmente han librado en el terreno de la autoconfianza y en el de la crianza y educación de los hijos, y que han experimentado después nuevos enfoques y estrategias.
— A mis dos hijas, Susie y Laura, así como a mi hijastra, Sarah, por ayudarme a aprender tanto no sólo de mis fracasos como madre, sino también de mis éxitos.
— A Jessica Stockham, quien, una vez más, ha hecho unos dibujos tan originales y humorísticos.

Y, por último:

— A Stuart, mi esposo, por su constante apoyo moral y su buena disposición a renunciar, cuando se lo he pedido, a otros muchos quehaceres de su vida para convertirse en mi corrector «particular».

ÍNDICE

ÍNDICE

LISTA DE EJERCICIOS

Introducción *

¿Os habéis sentido alguna vez celosos de un faisán? Yo, sí; hace sólo unos meses. Estaba visitando el zoo local, Marwell, especializado en la cría y cuidado de especies en peligro, cuando me tropecé con un raro y hermoso faisán. Cuando leí el letrero de su jaula, sentí una oleada de envidia. Al parecer le estaban dando la oportunidad de «practicar sus dotes paternales o maternales» cuidando temporalmente de unos polluelos que no eran suyos. Me volví a mi esposo y le dije: «No es justo; ¡yo tuve que practicar sólo con Susie y Laura!»

Este libro es un intento de proporcionar una respuesta más meditada y adulta a mis temores sobre el peligro de una crianza y educación «no lo suficientemente buenas». Durante muchos años he tenido a mi alrededor pruebas que me han convencido de que, en esta selva cambiante, compleja y competitiva que es el mundo, hay otra especie en peligro: ¡los padres seguros de sí mismos! Me pregunto si alguna vez os habéis encontrado con uno. Me refiero a ese ser relajado y libre de culpa que, de manera natural y fácil, es capaz de sacar adelante una progenie completa de hijos felices, competentes y seguros de sí mismos. Como yo, estaréis probablemente más familiarizados con la clase de padres que pasan una considerable cantidad de tiempo preocupándose de «si lo están haciendo bien» o sintiéndose culpables porque saben que a menudo «lo están haciendo mal».

¿Dónde radica el problema? ¿Es que ahora sabemos demasiado? ¿Deberíamos quemar esos libros de psicología infantil y esas revistas sobre la crianza y educación de los hijos que han elevado nuestros

---

* El término inglés *child*, «niño», «niña», con el que el autor alude, en general, tanto al masculino como al femenino, ha sido traducido alternativamente con uno u otro género. (*N. del T.*)

anhelos de ser buenos padres hasta alturas aparentemente imposibles de alcanzar?

Pienso que no, porque, aun cuando la imagen que daban los descuidados padres de las cavernas resulte a veces muy tentadora, no creo que los hijos o los padres sacasen algún provecho retrasando el reloj. Puesto que has optado por leer este libro, presumo que también crees que tenemos la responsabilidad de emplear el conocimiento y la sabiduría acumulados por nuestra cultura para desarrollar y mejorar el bienestar anímico de nuestros hijos.

En este libro las sugerencias y estrategias se dan como alternativas constructivas a esa paralizadora ansiedad y autorreproche que a menudo nos embarga cuando, a pesar de nuestros amorosos esfuerzos, nuestros hijos parecen demostrarnos con su comportamiento que su seguridad en sí mismos está por los suelos. Por ejemplo, cuando advertimos las siguientes conductas:

— persisten en sus «hábitos infantiles», tales como chuparse el pulgar o mojar la cama;
— bajo rendimiento escolar porque se sienten solos o son excesivamente tímidos para pedir ayuda;
— se sienten muy preocupados por su trabajo y pretenden que éste sea perfecto;
— se resisten a aventurarse más allá de los límites de seguridad que les proporciona su casa o su ciudad;
— se sienten frustrados por ser incapaces de tomar una decisión o dar una opinión;
— están atenazados por la ansiedad, temores, fobias u obsesiones;
— se despiertan cada noche con pesadillas;
— se comportan tímida o inadecuadamente en público;
— se muestran hipersensibles a la crítica o a las bromas;
— comienzan a desarrollar síntomas físicos de estrés, como dolores de cabeza, náuseas o erupciones cutáneas;
— alardean demasiado o se comportan con bravuconería;
— muestran persistentemente celos o envidia de los demás;
— rechazan los halagos y se infieren humillaciones;
— pierden el apetito o manifiestan una tendencia irrefrenable a la diversión.

A pesar de ser enteramente consciente del gran número de padres que claman ayuda y guía para abordar (o más bien prevenir) estos problemas tan comunes, tuve algunas dudas iniciales en cuanto a escribir este libro.

En primer lugar, puede que os reconforte saber que estaba demasiado atenta a mis propios errores como madre. En segundo lugar, luchaba contra un sentimiento profundamente arraigado de desconfianza en torno a las «biblias» sobre el cuidado y educación de los hijos, ya que pensaba que reprimían esa intuición natural que poseen los padres en lo referente a la crianza. Después de algunas reflexiones, llegué a la conclusión de que, en un mundo ideal, los faisanes podrían muy bien no necesitar practicar la crianza y los humanos tampoco necesitarían leer libros como éste, si bien, hasta que eso llegara, tenía muy pocas excusas para no compartir mis impresiones personales y profesionales.

¿Para quién es este libro?

He escrito este programa de autoayuda para cualquier padre o madre responsable que tenga vivos deseos de realizar un trabajo de desarrollo personal, constructivo, progresivo y práctico, que le permita hacerse más eficaz en sus esfuerzos para avivar en sus hijos la confianza en sí mismos.

Aunque contiene muchas recomendaciones y directrices, nunca ha sido mi intención que las materias de este libro deban ser usadas por robots que busquen instrucciones prácticas y categóricas.

Presumo que este libro puede ser también de lectura interesante para todos aquellos que tengan cierta afinidad con los padres (la pareja del padre o la madre, abuelos, educadores y monitores de jóvenes); también puede ser de utilidad para profesionales dedicados a la enseñanza de técnicas referentes a la crianza y educación de los hijos.

Por último, gran parte del material contenido en la segunda mitad del libro (por ejemplo, las reflexiones sobre la comunicación y asertividad) puede ser también adecuado para hijos mayores.

¿Qué ofrece este libro?

- Una explicación de la naturaleza de la autoconfianza y de cómo sus particulares componentes y energías pueden ayudar a los niños a ser no solamente más felices, sino también capaces de hacer un completo uso de su potencial personal.
- Un análisis de los tipos de cualidades de los padres, de las familias y de los hogares, que tienen una influencia decisiva en el desarrollo de la confianza en sí mismos de los niños.
- Directrices sobre qué medidas pueden los padres tomar y qué clase de lenguaje deben usar, si desean forjar o fomentar la seguridad en sí mismos de sus hijos.
- Instrucciones de cómo enseñar a los hijos técnicas sociales útiles como la comunicación, la afirmación y el control de los sentimientos.
- Sencillas estrategias que podréis utilizar (y que podréis enseñar a vuestros hijos) cuando intentéis afrontar problemas y conflictos de forma positiva.
- Recomendaciones para que los niños realicen sin traumas la transición del hogar al mundo exterior.
- Un programa de ejercicios dirigido a los padres para que se ejerciten (solos o en pequeños grupos) a fin de reforzar lo aprendido en este libro, y para animarlos a que lleven a la práctica sus sugerencias.

¿Cómo utilizar el libro?

Como ya he indicado, este libro constituye un programa progresivo de autoayuda. Probablemente le sacaréis más jugo si hacéis una primera lectura completa relativamente rápida, para luego volver a él en una segunda lectura más reposada, reservándoos tiempo para realizar los ejercicios y experimentar con las instrucciones y sugerencias.

Si formáis «sociedad» con otros padres, lo ideal y lo mejor sería que trabajaseis juntos a lo largo del libro con más lentitud todavía. Es muy raro que dos personas estén siempre completamente de acuerdo en asuntos relacionados con la crianza y educación de los niños; esto es un hecho que —aunque incómodo— padres e hijos deben acostumbrarse a aceptar y respetar. Pero el hecho de trabajar juntos en este programa (ya seáis pareja, pequeño grupo de padres o padres e hijos) os dará al menos la oportunidad de discutir, argumentar y —espero— de llegar a un acuerdo, sobre las estrategias y los enfoques básicos a aplicar *conjuntamente.*

Dado que este libro ha sido escrito con un planteamiento general para padres con hijos de distintas edades e inquietudes, puede que a veces os veáis obligados a «extrapolar» el texto y a adaptar los ejercicios a vuestras necesidades específicas, a vuestros hijos en particular y a la cultura en la que vivís.

Finalmente, espero que, tras haber completado el programa, consideréis este libro como una referencia útil y provechosa a la que recurrir de vez en cuando durante el crecimiento de vuestros hijos. Por favor, recordad que, en primer lugar y por encima de todo, debéis contemplarlo como un recurso *vuestro,* susceptible de ser adaptado y modificado a fin de que cubra vuestras necesidades. Mi propia experiencia me dice que leer libros como éste estimula a menudo el pensamiento y la creatividad; así que, si os surge alguna idea durante su lectura, no dejéis de informarme.

PARTE I

Tareas de desarrollo personal para los padres

Capítulo 1
Conozcamos mejor la autoconfianza *

ℙARECE SER que en los últimos años se ha puesto de moda la expresión «seguridad en sí mismo». Coches, ordenadores, pólizas de seguro e incluso pintalabios se venden sobre la base de que dan «autoconfianza». Esta misma expresión adquiere un significado distinto según el individuo que la emplee. Nuestra primera tarea, por tanto, es especificar con exactitud qué es lo que queremos dar a entender cuando utilizamos la expresión «seguridad en sí mismo».

Una definición muy amplia con la que mucha gente estaría de acuerdo podría ser ésta: «Las personas seguras de sí mismas son aquellas que están satisfechas consigo mismas.»

Este concepto, bastante vago, podría muy bien servir para una comunicación de tipo general, pero pronto nos damos cuenta de sus limitaciones cuando tratamos de averiguar más sobre lo que el término «satisfacción» supone para nosotros y para nuestros hijos. Es en este punto cuando nos percatamos de lo vital que es tener una idea más clara de lo que estamos exactamente buscando.

Cuando se me pidió que escribiese el libro *Super Confidence*, me vi afortunadamente obligada a llevar a cabo largas y laboriosas reflexiones en torno a lo que es la seguridad en sí mismo y a analizar minuciosamente sus componentes específicos. Para ello hice una lista de las cualidades y rasgos que había observado en personas que tenían un alto

---

* De la palabra inglesa *confidence*, tema central del libro, que puede traducirse, entre otros, por los siguientes términos españoles: *confianza, fe, seguro y seguridad.* Dado el carácter de esta obra, dicha palabra se traducirá —según encaje mejor— por *seguridad en sí mismo, confianza en sí mismo* o *autoconfianza. (N. del T.)*

grado de autoconfianza. Desde entonces esta lista me ha demostrado ser extremadamente útil. Primero, porque me ha permitido diseñar y dirigir con más efectividad programas destinados a crear autoconfianza. En segundo lugar, ha contribuido a que los asistentes a mis cursos, así como mis lectores, no se sientan tan abrumados por su «falta de confianza», y ello porque su problema ha sido desglosado en trozos más «digeribles». En tercer lugar, ha resultado ser una valiosa lista de comprobación. Por ejemplo, cuando me encuentro en horas bajas con respecto a mi autoconfianza (cosa que, por supuesto, me sucede de vez en cuando), no tengo más que recorrer la lista de punta a cabo para darme cuenta rápidamente dónde están mis «puntos flacos» y poder así poner en acción un plan para rescatar mi propia salud mental.

Cuando comencé a realizar este «análisis de la autoconfianza» descubrí muy pronto que existían de hecho dos tipos perfectamente diferenciados: la *interna* y la *externa*. La interna es la que nos da el *sentimiento* y la *convicción* de que estamos bien con nosotros mismos; mientras que la externa nos permite *presentarnos* y *conducirnos* de una manera que indica al mundo exterior que estamos seguros de nosotros mismos. Y, puesto que ambas autoconfianzas —la interna y la externa— se apoyan entre sí, juntas forman un conjunto mucho más poderoso y efectivo que la suma de sus partes.

Examinemos ahora ambas clases de autoconfianza con más profundidad y veamos qué influencia podrían tener los componentes de cada una en los sentimientos, conducta y actuación de nuestros hijos. Cuando leáis las dos secciones que siguen, marcad o anotad los componentes que tengan interés para vosotros.

Quizá podrían ser aquellos en los que vuestro hijo o hijos necesiten un estímulo o un desarrollo, o bien podrían ser aquellos otros que vuestra propia experiencia de la vida os ha enseñado que son especialmente importantes.

Autoconfianza interna

Hay cuatro señales que identifican a la gente que posee un profundo sentido de la autoconfianza interna.

Estas señales son:

- autoestima,
- autoconocimiento,
- metas claras y
- forma de pensar positiva.

Autoestima

Las personas que tienen autoconfianza se aman a sí mismas, y lo que es más: su autoestima no es un secreto que suela estar bien guardado. Para el extraño resulta obvio que estas personas se cuidan a sí mismas, ya que su comportamiento y estilo de vida se proyectan de manera natural hacia las costumbres sanas. Si poseen este componente de autoconfianza interna, los niños actuarán, por ejemplo, de este modo:

— frenarán su natural inclinación a valorar sus necesidades físicas y anímicas y las colocarán *al mismo nivel* que las necesidades de los demás;

— encontrarán justificados sus intentos de satisfacer estas necesidades y no se sentirán culpables cada vez que pidan o cojan algo que quieren;

— serán francos en sus peticiones de elogio, aliento y recompensa, y no tratarán de manipularos —ni a vosotros ni a nadie— para que se los dispenséis indirectamente;

— disfrutarán siendo ensalzados por los demás y aprenderán con rapidez a hacerlo ellos mismos;

— estarán orgullosos de su aspecto y tratarán de sacarle el mayor partido, y no querrán gastar demasiado tiempo, energía o dinero en sus propias imperfecciones;

— querrán tener buena salud y no será necesario forzarlos a cepillarse los dientes, comer con mesura o mantenerse en forma, y

— no insistirán en hacer cosas que sepan que pueden sabotear sus oportunidades de éxito y felicidad o que acortarán sus vidas.

Autoconocimiento

Interiormente, las personas seguras de sí mismas son también autoconscientes. No se miran constantemente el ombligo, pero sí reflexionan con regularidad sobre sus sentimientos, pensamientos y conducta y están siempre interesados en saber qué impresión causan en los demás. Si los niños desarrollan un buen autoconocimiento presentarán, por ejemplo, estos rasgos:

— serán conscientes de sus puntos fuertes y, por consiguiente, estarán mucho más capacitados para aprovechar todo su potencial;
— conocerán sus debilidades y limitaciones y, por tanto, tendrán menos posibilidades de verse abocados al fracaso;
— crecerán con un sentido firme de su propia identidad y, por ello, estarán mucho más preparados y capacitados para formarse una «personalidad propia» y no seguir a la «masa» como borregos;
— tendrán un arraigado sentido de sus propios valores, por lo que no estarán constantemente inquietos sobre si las cosas que ellos u otros hagan (o no hagan) están o no moralmente justificadas;
— estarán más inclinados a tener los amigos que les «convienen», ya que conocen qué cualidades tienen que exigir a la amistad;
— estarán abiertos a conocer los conceptos que los demás tengan de ellos y no siempre se pondrán a la defensiva al menor atisbo de crítica, y
— estarán dispuestos y ansiosos por recibir ayuda y enseñanza constructiva, puesto que no se consideran unos «sabelotodo».

Metas claras

Casi siempre hay un sentido de finalidad alrededor de la gente que tiene confianza en sí misma. Esto se debe a que tienen una idea clara de por qué están siguiendo un determinado curso de acción y de la clase de resultados que, con criterio realista, pueden esperar. Con este ingrediente reforzando su autoconfianza interna, los niños se comportarán, por ejemplo, así:

— adquirirán la costumbre de *fijarse ellos mismos* metas asequibles y no querrán depender de los demás para que les «hagan» hacer cosas;

— tendrán más energía e impaciencia, porque estarán motivados;

— serán más perseverantes, porque siempre verán una finalidad en los pequeños y a veces tediosos pasos que tengan que dar hacia adelante;

— aprenderán la importante técnica de la autoevaluación, puesto que serán capaces de controlar sus avances de acuerdo con las metas que ellos mismos se hayan fijado, y

— verán la toma de decisiones como algo relativamente fácil, ya que tendrán una idea clara de lo que quieren y necesitan de los resultados.

Forma de pensar positiva

Las personas que confían en sí mismas suelen ser excelentes acompañantes; una de las razones de esto estriba en que tienen propensión a ver la vida por el lado bueno y siempre esperan y buscan pasar ratos agradables. Con una vitalidad interna tan importante como ésta, los niños se comportarán, por ejemplo, de la siguiente forma:

— crecerán con la esperanza de que la vida es, por regla general, buena;

— pensarán bien de la gente, a menos que haya una razón en particular para creer lo contrario;

— creerán que la mayoría de los problemas tienen solución;

— no malgastarán energías pensando en unos resultados *posiblemente* negativos;

— estarán convencidos de que el futuro tiene la facultad de ser tan bueno (si no mejor) que el pasado;

— estarán dispuestos a trabajar con las incómodas frustraciones del cambio, porque les gusta la emoción que conlleva el crecimiento y el desarrollo, y

— estarán dispuestos a dedicar tiempo y energías al aprendizaje, como también para realizar el necesario «trabajo preparatorio», ya que poseen la creencia de que al final alcanzarán sus metas.

Autoconfianza externa

En orden a trasladar al resto del mundo una impresión de seguridad en sí mismo, vuestro hijo también necesitará desarrollar ciertas habilidades en las cuatro áreas siguientes:

- comunicación,
- asertividad,
- presentación personal y
- control emocional.

No es de extrañar que las escuelas privadas más caras y las estatales de mayor prestigio hagan —junto con los logros académicos— un gran hincapié en la adquisición de estas habilidades, ya que saben que los niños que las posean no sólo tendrán ventaja en el mundo adulto del trabajo, sino que también disfrutarán de mayores oportunidades para realizarse en la vida personal y social.

Consideremos, una a una, de qué modo estas habilidades podrían beneficiar a vuestros hijos.

Comunicación

Con un correcto aprendizaje de las técnicas de comunicación, los niños serán capaces, por ejemplo, de:

— escuchar atenta, tranquila y comprensivamente a los demás;
— sostener «charlas intrascendentes» con gente de cualquier edad y condición;
— saber cuándo y cómo llevar la conversación desde un nivel superficial a otro de mayor «profundidad»;

ALGUNAS ETAPAS RELEVANTES EN EL DESARROLLO DEL NIÑO

1-2 años
Comienza a usar el lenguaje. Desarrolla el sentido del yo.

2-5 años
Intenta ejercer algún control sobre el entorno y cuidarse a sí mismo. Ensaya nuevas habilidades de memoria y comprensión.

5-11 años
Desea aprender, lograr cosas, crear y ser activo. Empieza a hacer amigos y a explorar el mundo exterior. Ensaya su propia agresión y la de otros. Explora su propia sexualidad y experimenta con las actitudes propias del género.

Adolescencia
Desea ser aceptado en el grupo de iguales. Busca su propia identidad y experimenta con ella. Desafía las normas y desarrolla un criterio moral. Busca un sentido de finalidad a la vida. Desea llegar a controlar las imperfecciones corporales. Pone a prueba su habilidad de amar y ser amado a través de relaciones apasionadas. Ensaya una cierta independencia con respecto a sus padres. Pone a prueba sus propias capacidades y su fortaleza física e intelectual.

— utilizar con efectividad la comunicación no verbal y lograr que confirme lo expresado con la palabra;
— leer el lenguaje corporal de los demás y hacer uso de él;
— discutir y argumentar de forma racional y articulada, y
— hablar en público sin estar paralizados por la ansiedad.

Asertividad

Si enseñamos a nuestros hijos a ser asertivos, raras veces tendrán que recurrir a tácticas pasivas o agresivas para conseguir lo que quieran obtener de la vida y las relaciones. Su autoconfianza aumentará porque serán capaces, por ejemplo, de:

— expresar sus necesidades de forma directa y franca;
— defender sus derechos y los de los demás;
— saber cómo negociar acuerdos aceptables;
— emitir y recibir cumplidos libre y delicadamente, y
— protestar y luchar por lo que se quiere con efectividad.

Presentación personal

Esta habilidad enseñará a los niños la importancia de «tener el aspecto» de una persona segura de sí. Esto los capacitaría para:

— escoger todos los colores y estilos de ropa que mejor partido sacarán de su «particular» personalidad y atributos físicos;
— seleccionar atuendos que sean apropiados para diferentes actividades y ocasiones sin tener que renunciar a su estilo personal;
— ganar rápidamente credibilidad causando una buena «primera impresión», y
— ser conscientes del impacto que producen los signos externos de nivel de vida (coche, casa, etc.) en el ánimo de la gente, sin que estén coartados por el continuo deseo de impresionar agradablemente a los demás.

Control emocional

Si los sentimientos no se manejan bien, pueden desplegar un enorme e impredecible poder. A veces es muy divertido y emocionante dejar que nuestro corazón dirija nuestra cabeza, si bien, en general, durante el diario transcurrir de nuestra vida, tenemos que ejercitar ciertas habilidades que garanticen el «dominio» de nuestras emociones. Si a los niños se les enseña a mantener esta clase de control, serán, por ejemplo, capaces de:

— confiar más en ellos mismos, porque no tendrán la preocupación de actuar de forma imprevisible;
— asumir más retos y riesgos, puesto que podrán controlar su miedo, ansiedad y frustración;
— afligirse de una manera más sana, ya que no temerán que su tristeza los envuelva y deprima para siempre;
— contender con efectividad en las confrontaciones y defenderse contra los abusos, ya que podrán utilizar la energía de su enojo de forma constructiva;
— permitirse en ocasiones ser espontáneos y «soltarse el pelo» cuando necesiten relajación, dado que no tendrán el temor de «sobrepasarse»;
— no desperdiciar energías torturándose inútilmente por experimentar sentimientos negativos tan naturales como son los celos

y la ira, y encontrar, en su lugar, métodos constructivos para contener y controlar estos sentimientos, y

— buscar experiencias y relaciones que les proporcionen profunda alegría, amor y felicidad, toda vez que no se sienten dominados por la pasión.

Superautoconfianza

Éste es el término que utilizo para denominar el tipo de autoconfianza que se forma con *todos* los componentes ya mencionados y que, como he dicho anteriormente, tiene una cierta e indefinible calidad «superior». Esta fuerza y poder adicionales de la superautoconfianza derivan de la continua colaboración entre su parte interna y externa.

Ésta es la clase de autoconfianza que a la idealista que hay en mí le gustaría que todos los niños desarrollaran antes de que dejaran la protección del nido. La realista que hay en mí sabe, sin embargo, que la meta de la mayoría de los padres debe ser darles a sus hijos una dosis «suficientemente buena» de autoconfianza interna y externa, más —y esto es muy importante— el convencimiento de que ellos mismos pueden seguir construyendo a partir de estos cimientos hasta hacerse versión «super» en su edad adulta.

Cuando tratamos como padres de asentar los cimientos de la autoconfianza en nuestros hijos, debemos recordar que tenemos que alcanzar un buen equilibrio entre los elementos interno y externo. Con mucha frecuencia ciertas partes se desarrollan a expensas de las otras. Desgraciadamente, muchas familias y escuelas deseosas de medrar le dan, por ejemplo, una importancia excesiva a las cualidades propias de la autoconfianza externa. Hace poco leí con interés que Joe Kennedy, el padre del presidente americano John Kennedy, le decía a sus hijos: «Lo que cuenta no es lo que seáis, sino lo que la gente piensa que sois.» Quizá esta clase de filosofía fuese en parte responsable de los problemas que tuvieron sus hijos para encontrar la paz personal, a pesar de sus extraordinarias dotes en el campo de la autoconfianza externa. He conocido a muchas personas, que aparentemente han triunfado, que han aprendido a comportarse de una manera tan fría y calculadora, que os costaría trabajo creer la gran cantidad de precioso tiempo y energías que desperdician preocupándose en secreto de si gustarán a la gente, si serán queridas, si serán capaces de hacer o decir algo; preguntándose si han tomado la «decisión perfecta» o dándose puntapiés por haber herido los sentimientos de tal o cual indeseable.

Por el contrario, hay también niños que pueden estar llenos de autoconfianza interna, pero que fallan cuando han de comunicar la bondad de sus cualidades al resto del mundo. Incluso puede que los demás nunca lleguen a darse cuenta de lo claras y arraigadas que realmente están sus creencias e ideas, puesto que raramente las exteriorizan; es probable, pues, que estas personas nunca cuenten con las «prometedoras oportunidades» que creen merecer, por la sencilla razón de que no hacen notar su presencia. Y, debido a que estas personas nunca han aprendido a hacer un óptimo uso de su autoconfianza externa, continuamente se quedan cortas en sus logros, y terminan por sentirse aburridas, descorazonadas y deprimidas.

¿Cómo se adquiere y se pierde la autoconfianza?

¿Naturaleza o educación?

¿Nacemos algunos con suerte? ¿Llegan ciertos niños a este mundo con una predisposición genética a tener confianza en sí mismos? Todavía muchas personas creen que sí. Hablan de niños tímidos o líderes «de nacimiento». En cierta medida tienen razón. Todos llegamos al mundo con una predisposición a desarrollar ciertos rasgos de la personalidad; rasgos que frecuentemente se dividen en las dos grandes categorías —introversión y extroversión— de los estilos de conducta. De aquí que uno podría argüir que, en nuestra moderna cultura competitiva, los niños más extrovertidos son los que —social e intelectualmente— tienen más posibilidades de tener éxito. Pero, sin duda alguna, os habréis encontrado, al igual que yo, con muchas personas seguras de sí mismas que, al ser tranquilas y sosegadas, constituyen la excepción a la regla. Así que, si bien la herencia de genes «extrovertidos» puede suponer ventaja para algunos niños, no ofrece en verdad garantía de una sólida autoconfianza. Yo estoy convencida de que cada uno de nosotros llega a este mundo con un «bagaje», más o menos similar, de ingredientes básicos de autoconfianza, y que todos tenemos la capacidad necesaria para construir sobre estos cimientos. En las primeras semanas de vida, todos los niños con los que he tenido contacto parecían tener una buena autoestima, una perspectiva positiva y la voluntad (ya que no unas sofisticadas habilidades) de pedir lo que ellos o ellas necesitaban. Lo único que desearía es poder decir lo mismo de todos los niños de cinco años que he conocido.

Tales observaciones básicas (más, por supuesto, unos pocos años adquiriendo conocimientos más complejos) me permiten afirmar que, en lo que a autoconfianza se refiere, *no importa tanto quiénes somos cuando nacemos como en quiénes nos permiten o quieren que nos convirtamos.*

Por tanto, la premisa básica que sirve de fundamento a este libro es que lo importante en el desarrollo de la autoconfianza no es nuestra naturaleza heredada, sino la forma en que nos educan. Y es la calidad de esta educación lo que determina nuestra capacidad para asirnos al precioso sentido de la autoestima que tuvimos al nacer y para apoyarnos en nuestro potencial para llegar a ser unos adultos *superautoconfiados.*

Hoy en día, el proceso «educativo» de los niños es muy largo y complicado, y los padres, de hecho, no son los únicos responsables de su progreso. Los niños son «criados» y sensiblemente influenciados no sólo por padres y madres, sino también por una lista aparentemente interminable de otras personas, tales como profesores, monitores juveniles, entrenadores, etc., amén de presentadores de televisión, cantantes y publicistas. Sin embargo, en la vida de la mayoría de los niños creo que son todavía papá y mamá (ya sean naturales o adoptivos) quienes poseen el poder de dirección fundamental. Admito que no he conocido a nadie que adolezca de falta de confianza en sí mismo, cuyos problemas no puedan ser achacados *en cierto grado* a una crianza y educación «deficientes». No se me oculta que al adoptar esta postura le estoy *predicando al convertido,* ya que los oponentes acérrimos de esta teoría tendrán muy escasa motivación para leer este libro.

Así que salgámonos del muy hollado sendero del debate naturaleza *versus* educación, y concentrémonos sólo en lo que exactamente necesitan recibir los «educandos» en el transcurso de su desarrollo, si queremos sacarle todo el partido posible a su potencial de autoconfianza. Y comenzamos reseñando esas necesidades básicas, que pueden dividirse en ocho grupos y que encontraréis a continuación:

1. **Cariño.** En esto lo importante no es sólo la cantidad, sino también una excelente calidad. Los niños necesitan ser queridos continua e *incondicionalmente*. Para el desarrollo de una autoestima firme y duradera, deben sentir que se les aprecia por lo que realmente son y no por lo que podrían ser o por lo que a otros les gustaría que fuesen.

2. **Seguridad.** El temor y la ansiedad son quizá los mayores enemigos de la confianza en uno mismo. Los niños que constantemente temen que sus necesidades básicas no sean satisfechas, o que su mundo físico o afectivo salte en cualquier momento hecho pedazos, tendrán muchas dificultades para desarrollar un punto de vista positivo sobre ellos mismos, sobre otras personas y sobre el mundo en general. Cuando los niños se sienten seguros, tratarán automáticamente de desarrollar su potencial (y, por ende, su confianza en sí mismos) respondiendo a los retos y aceptando interesantes riesgos.

3. **Modelos a imitar.** Enseñar mediante ejemplos es, con mucho, la forma más eficaz de hacer que los niños desarrollen las actitudes y habilidades sociales que requiere la autoconfianza. La gente me pregunta a menudo si podrían transmitir a sus hijos sus propios temores y angustias. Por supuesto que la descorazonadora respuesta es *sí*, a menos que se experimente de continuo una fuerte influencia neutralizadora por parte de otras figuras significativas.

4. **Relaciones.** Para desarrollar la necesaria autoconfianza a fin de relacionarse con «todo el mundo», es obvio que los niños necesitan tener experiencia y establecer una amplia gama de contactos; desde los más íntimos, que normalmente sostienen en casa, hasta los más superficiales, con el carnicero, el panadero y el fabricante de velas. A través de las relaciones, los niños también desarrollan una autoconciencia y un autoconocimiento vitales para la autoconfianza interna.

5. **Salud.** Para la mejor utilización de nuestras facultades y talentos necesitamos energía. Sabemos, por ejemplo, que los niños que están insuficientemente alimentados tienen problemas de aprendizaje y que, por lo tanto, no están en disposición de utilizar todo su potencial. Sabemos que los niños «eclosionan» cuando gozan de buena salud y, sin duda alguna, en nuestra sociedad, los niños bien parecidos tienen

posibilidad de recibir más estímulos, atención e incluso oportunidades, que los otros.

6. **Recursos.** Es probable que los niños de nuestros ancestros, aquellos que moraban en cavernas, no tuviesen necesidad de dinero, material o recursos educacionales que les ayudaran a desarrollar su autoconfianza; pero no olvidemos que ahora vivimos en un mundo cada vez más complejo. Aunque parezca injusto, los niños que disfrutan de un mayor acceso a ciertos recursos como son los libros, juguetes, instrumentos musicales, instalaciones deportivas, enseñanzas adicionales y viajes, tienen, de hecho, más ventajas que aquellos otros cuyas opciones son más limitadas. Estos recursos no son, por supuesto, esenciales para el desarrollo de un núcleo tanto de autoconfianza interna como externa; sin embargo, utilizados como es debido, pueden darles ciertamente a ambas un poderoso estímulo al proporcionarles la clase de oportunidades que fomentan el desarrollo de los niños, ya que capacitan a éstos para utilizar sus dotes o mejorar sus deficiencias.

7. **Apoyo.** Está claro que tener sólo recursos no es suficiente; los niños requieren además aliento y guía sobre cómo utilizar estos recursos en su provecho. Necesitan gente que les preste apoyo para sentirse más seguros y capaces; gente que les proporcione información sincera y constructiva no sólo cuando hagan las cosas bien, sino también cuando las hagan mal (quizá cuando ellos mismos se fijen objetivos que no sean realistas). El apoyo es un factor esencial para ayudar a los niños a recobrarse de los golpes que a su autoconfianza puedan seguramente asestarle el trauma, el despecho y el desengaño. Por ejemplo, el rechazo de un amigo o suspender un examen tiene la facultad de hacer mella en la autoconfianza; pero la duración y la profundidad del daño dependerán en grado sumo de la clase de apoyo que rodee al niño. Estoy convencida de que lo que tiene un papel decisivo no son los traumas o las pérdidas en sí, sino la forma de «tratarlos».

8. **Recompensas.** Aunque el proceso de desarrollar autoconfianza (como cualquier otro proceso de aprendizaje) *pueda* ser por sí mismo atractivo y gratificante, no todas las veces lo es en realidad. Las recompensas por nuestros esfuerzos y logros mientras nos encaminamos hacia nuestras metas más distantes, no sólo son deseables la mayoría de las veces, sino también esenciales; incluso para las personas más ambiciosas. Los niños no constituyen evidentemente la excepción a esta

regla práctica. Los muy afortunados que reciben continuos y abundantes premios por sus esfuerzos (y no me refiero solamente a beneficios materiales), tienen muchas más probabilidades de conservar sus apetencias naturales de retos que eleven la moral que los que no reciben tales recompensas.

Tras presentar estos factores de manera tan concisa, uno diría que la tarea de criar y educar a los hijos es fácil y diáfana. Acaso lo sea para esa minoría de padres superautoconfiados que a su vez aprendieron los «secretos del oficio» de sus perfectos padres. Pero, por propia experiencia, sé que darles a mis hijos un adecuado suministro de lo anteriormente expuesto ha sido el desafío más difícil de mi vida. Aunque, desde luego, mi corazón estaba donde debía estar y mi cabeza —por mi formación profesional— repleta de información apropiada, mi capacidad para proporcionar a mis hijos un conveniente suministro de estos elementos de crianza y educación, fue realmente escasa durante muchos años. Lo bueno de esto es que, por muy *difícil* que sea llegar a ser la clase de padres capaces de producir hijos autoconfiados y seguros de sí mismos, hoy en día es casi *imposible* para cualquiera de nosotros no llegar a serlo. En la actualidad, los padres posfreudianos tenemos una clara ventaja sobre los que vivieron en siglos anteriores. Disponemos del conocimiento contrastado y experimentado de varias generaciones de psicólogos, psicoterapeutas y educadores que nos guía durante la tarea de criar y educar a nuestros hijos. Pero, antes de que comencemos a emplear este conocimiento directamente con nuestros hijos, debemos primero hacer nosotros uso de él.

Para atender las necesidades de nuestros hijos tenemos que cambiar nosotros mismos. Sólo cuando estemos dispuestos a sobrellevar el sufrimiento que supone dicho cambio, podremos llegar a ser la clase de padres que nuestros hijos necesitan que seamos.

M. SCOTT PECK

Capítulo 2

¿Cómo llegar a ser unos padres
lo bastante buenos?

ME COSTÓ TRABAJO redactar este capítulo, y es muy probable que para vosotros sea el más arduo de leer y «digerir». Y es que, ¡a quién le gusta que le recuerden o que le llamen la atención sobre sus errores o carencias, especialmente cuando se trata de ese «sagrado» papel que es el de padres!? Así que, mientras lo leáis, tenéis que estar en guardia para no incurrir en reacciones defensivas como, por ejemplo, el rechazo: «Gracias a Dios, *yo no soy así*»; la intelectualización: «Es un punto muy interesante, pero no estoy segura de que ésa sea la palabra correcta a emplear»; o, mucho menos, en reacciones paralizantes de culpa. Puede que os resulte difícil sustraeros a la autoflagelación cuando se os recuerde que vuestra actuación como padres deja a veces algo que desear. Sólo tendréis que hacer un esfuerzo consciente para desviar vuestras energías hacia canales más constructivos, planificando de qué modo podéis serviros de vuestras fuerzas y superar vuestras debilidades. ¡Podéis empezar realizando los ejercicios prácticos que se incluyen en este capítulo!

Comencemos analizando algunas cuestiones. Hablemos, en primer lugar, de los santos y los pecadores con los que podemos tropezarnos en el mundo de la crianza y educación de los hijos. Fijémonos primero en el extremo positivo del *continuum*. Dudo que algunos de estos modelos de perfección estén realmente leyendo este libro, porque, señores, ¡sus hijos ya poseen una superlativa seguridad en sí mismos y unas sobresalientes aptitudes sociales! Sin embargo, estoy segura de que la inmensa mayoría de vosotros seréis capaces de identificar algunas de vuestras virtudes como padres a medida que leáis la siguiente relación.

Las siete «virtudes» de los padres perfectos

1. **Fortaleza.** Ser lo bastante fuertes para soportar el hecho de tener a varias personas durante dos décadas dependiendo de ellos, así como dar una alta prioridad tanto a la salud física y mental de los hijos como a la propia, de modo que éstos los encuentren tan vigorosos y seguros como para no necesitar su apoyo hasta que ellos (los hijos) no hayan alcanzado la suficiente madurez para poder brindárselo. Estos padres, por tanto, poseen fuerza anímica para dar una infinita cantidad de cariño desinteresado y también un suficiente potencial de energía física para atender a las abrumadoras exigencias de su papel de progenitores.

2. **Sensibilidad.** Tener capacidad para «sintonizar» con las necesidades y sentimientos de aquellos que no han desarrollado todavía la facultad de expresarlos adecuadamente por sí mismos. Estos padres son capaces de hacer uso de su intuición para emitir juicios y tomar decisiones que se adaptan a cada hijo y situación en particular, sin confiar demasiado en las normas, en las teorías y en las «biblias» sobre la crianza y educación de los hijos. Son asimismo sensibles a sus propios sentimientos y necesidades, y no viven detrás de cortinas emocionales; de aquí que estén preparados para establecer unas genuinas, cálidas e íntimas relaciones con las personas más allegadas.

3. **Sociabilidad.** Tener un vivo interés por la gente y disfrutar participando en acontecimientos sociales (aun cuando prefieran que éstos no sean multitudinarios y tengan un carácter informal). Valoran sus amistades y dedican tiempo y energías para crearlas y mantenerlas. Por regla general, se les considera accesibles y amables: la clase de gente agradable con la que es fácil tratar en el trabajo o en la comunidad en la que se vive. Procuran que haya siempre en sus vidas suficiente espacio para la diversión y para las interrelaciones festivas. Confían generalmente en los demás y les gusta y satisface trabajar en compañía y en equipo. Son entusiastas en cuanto a encontrar oportunidades para que sus hijos se mezclen con gente de toda edad y condición. Sus casas están abiertas a todo el mundo; esto hace que los

visitantes, incluidos los amigos de sus hijos, se sientan bien acogidos y relajados

4. **Competencia.** Ser de esa clase de personas que están interesadas en desarrollar su potencial. Han adquirido una gama de conocimientos —ya sean intelectuales, prácticos, o de ambas clases—, que les permiten llevar a buen término dicho desarrollo. Siempre están dispuestos a aprender y a llegar a ser personas cultas, realizadas y competentes. Incluso cuando hacen tareas «serviles» les gusta hacerlas con tacto y pericia. Es decir, procuran que tanto su vida hogareña como su vida laboral estén excelentemente regidas.

Se desenvuelven con habilidad en público y no es raro que hayan aprendido, por ejemplo, a comunicarse con eficiencia, a ser asertivos y a controlar sus emociones. Disfrutan compartiendo sus conocimientos y pericias con los hijos, mostrando asimismo entusiasmo por aprender de ellos nuevos enfoques, técnicas e ideas.

5. **Estimulación.** Es estimulante estar con ellos, toda vez que también mueven a los que están a su alrededor a utilizar su potencial; además, con voluntad de ayuda, conducen a sus hijos hacia actividades y relaciones emocionantes e interesantes. Son muy dados a rodearse y a rodear a sus hijos de recursos tales como materiales, juguetes, música y vídeos que fomenten y alimenten el entusiasmo y la actividad. Sus cualidades energéticas proceden de unos sólidos cimientos de creencias positivas sobre ellos mismos, los demás y el mundo en general.

6. **Sensatez.** Aunque nunca se quedan atascados y siempre siguen adelante contra viento y marea, tienen también los pies firmemente apoyados en la tierra. Esto quiere decir que utilizan su creatividad de un modo constructivo, porque sus innovaciones y proyectos visionarios están siempre «supervisados» por la parte realista y práctica de su naturaleza.

Se aseguran de que sus proyectos tengan como mínimo un 50 por 100 de probabilidad de éxito y siempre establecen planes de contingencias en el caso de que los resultados no sean tan satisfactorios como se esperaba. Llevan a cabo todo lo necesario para disponer de una base financiera firme y se encargan de hacer previsiones por si llegan tiempos difíciles. En efecto, tratan de vivir sin salirse de sus posibilidades y no se permiten reincidir en hábitos que dilapiden sus recursos financieros. Planifican y dirigen la vida de forma que ésta siempre guarde equilibrio, para que ellos —y las personas de las que son responsables— no sufran sobresaltos. Asumen el compromiso de proporcionar suficiente seguridad y estabilidad para que así sus hijos no se sientan constantemente «azotados» por la ansiedad, la preocupación y el temor de que no estén cubiertas sus necesidades básicas.

7. **Sentido del éxito.** Ser el tipo de persona que, cuando llega a la vejez, echa una mirada atrás a su vida y siente que ha hecho una buena utilización de ella y que ha sacado el mejor provecho de su potencial personal. Son los que logran cosas, los ganadores, ya que constantemente se están fijando metas desafiantes aunque alcanzables. Si ocupan un puesto de trabajo que no les permite progresar y brillar, buscan otro nuevo a fin de explorar nuevos senderos y actividades que les animen a seguir adelante y medrar. Por idéntica razón, tratan de entablar relaciones que decisivamente los ayuden y no impidan el mejor uso de su talento y de las oportunidades que los rodean. Son asimismo capaces de apreciar, disfrutar y compartir plenamente las recompensas materiales de sus éxitos, para que así sus hijos crezcan con la motivación de emularlos.

Estudiemos ahora las características de los «pecadores» que pululan por el mundo de la crianza y educación de los hijos. Afirmamos que no nos parecemos en nada a estas personas, y son aquellos que, por mucho que a veces intenten lo contrario, parecen tener un efecto negativo sobre la autoconfianza de sus hijos. Dudo mucho que seáis unos pecadores redomados (ya que, después de todo, *estáis leyendo* este libro); no obstante, a medida que leáis la siguiente lista de características, quiero que seáis honestos con vosotros mismos y toméis buena nota si os empieza a sonar un molesto timbre.

Los siete «pecados» de los padres que «no son lo bastante buenos»

1. **Egoísmo.** Querer que sus hijos —por cariño, diversión, compañerismo, poder o control— satisfagan, en primer lugar y por encima de todo, sus necesidades como padres. Manipular a sus hijos y encau-

zarlos hacia ciertas actividades y estudios de forma que ellos (los padres) puedan disfrutar de la gloria ajena. No estar dispuestos a sacrificar sus propias comodidades o placeres por el desarrollo de sus hijos.

2. **Ojeriza.** Valerse del poder físico y emocional para herir a sus hijos, quizá porque envidien su potencial, éxito o incluso su juventud. Utilizar a sus hijos de «cabezas de turco» para descargar sobre ellos la ira y el odio que sienten contra sí mismos, contra otras personas o contra el mundo en general. Negar comodidades porque ellos tuvieron (y quizá sigan haciéndolo) que arreglárselas sin ellas. Decir siempre la última palabra en una discusión o procurar por todos los medios derrotar a sus hijos en el juego o deporte favorito de éstos. Estropear el orgullo que sus hijos sientan por un éxito, sacando a colación sus personales y meritorios logros.

3. **Infalibilidad.** Saber siempre qué es lo mejor y ser incapaces de apreciar que los valores de los demás también pueden tener peso; estar presuntuosamente seguros sobre el significado y la finalidad de la vida, y no permitir que los hijos desarrollen sus propias filosofías y códigos morales. Reacios a confesarse culpables de errores, aunque en su fuero interno sean conscientes de su propia hipocresía y culpa; dados a los sermones, aunque no siempre practican la virtud.

4. **Escepticismo.** Sembrar constantemente la semilla del desaliento, poniendo de relieve qué es lo que está o podría ir mal, o de qué forma algo se podría hacer mejor. Recelar generalmente de la gente y ser reacios a confiar en alguien, incluso en ellos mismos. Instar a sus hijos a que vean el mundo a través de cristales grises.

5. **Pesadumbre.** Estar empapados de su propia e intrínseca aflicción como para ser incapaces de compartir y alimentar la natural *joie de vivre* de sus hijos; dirigir con demasiada frecuencia la vista atrás y recrearse en los «buenos y viejos tiempos» como si fuesen los «únicos» de su vida; mentalizar a sus hijos de que deben sentir pena por ellos (los padres) e incluso cuidarlos antes de que cubran sus propias necesidades; aferrarse a su propia tristeza y dolor en tal medida que sean incapaces de apreciar y celebrar en toda su extensión los éxitos y alegrías de sus hijos; transmitirles, por último, el mensaje de que podrían enmendar la insatisfactoria naturaleza de las personalidades o de las vidas de sus padres, siendo, por ejemplo, hiperasertivos, prósperos o famosos.

6. **Servilismo.** Estar a disposición de todo el mundo y, como resultado de ello, quemarse y amargarse prematuramente, y que posean, por tanto, poca o ninguna energía que transmitir a sus hijos. Hacer demasiado por sus hijos para después preguntarse por qué terminan ellos (los padres) siendo postergados; adoptar una actitud demasiado dependiente y desvalida o mostrar falta de respeto en vez de gratitud.

7. **Estancamiento.** Resistirse al cambio y a las nuevas ideas. Adoctrinar a sus hijos a que «jueguen sobre seguro» y que se decidan por las opciones conocidas y fáciles. Darles un estilo de vida excesivamente controlado por la rutina y los ritos cotidianos, estilo que les deja poco tiempo y espacio para la espontaneidad y para enfrentarse a situaciones nuevas e interesantes. Ser incapaces de dilatar los horizontes de sus hijos —curiosos por naturaleza— de intentar hacer nuevos amigos, viajar a diferentes sitios o incluso ver una gama variada de programas de televisión.

Por supuesto, la mayoría de nosotros somos (y siempre lo seremos) una amalgama de virtuosos y pecadores, y habrá ocasiones en que parezca que nos acercamos más a una condición que a la otra. Esto está bien, *siempre y cuando la combinación de las partes dé una mezcla lo* «*suficientemente buena*». Sin embargo, si vuestros hijos están continuamente recibiendo una sobredosis de vuestra parte pecaminosa o recibiendo un confuso entramado de mensajes de ambas partes, estaréis, casi con toda certeza, dañando su autoconfianza en algún grado u otro. Pero, antes de que empecéis a buscar números de teléfono de psiquiatras o de agencias de adopción, ¿por qué no intentáis algunas sencillas estrategias de automejora? Si tomáis alguna medida en cualquiera de las cinco áreas siguientes, os sentiréis más seguros, mejores y más satisfechos. Así que apartad por un momento el foco de atención que dirigís a vuestros hijos, tornad vuestros críticos (y protectores) ojos hacia dentro y estudiad todos y cada uno de los siguientes pasos:

Primer paso: Sé consciente de tus comportamientos automáticos como padre o madre

No vemos las cosas como son, las vemos como somos.

ANAÏS NIN

Sé que la mayoría de mis pecados contra la autoconfianza y el bienestar de mis hijos los he cometido *a pesar de* mis buenas intenciones. Con harta frecuencia me he escuchado yo misma decir:

«¿Cómo he podido hacer eso?»
«No tuve intención de decir eso.»
«No me di cuenta de que estaba haciendo eso.»

Estaba haciendo o diciendo cosas que nunca he hecho o dicho en otro tipo de relación. Es más, si cuando era niña me hubiesen tratado como yo los he tratado, con toda seguridad me hubiese sentido dolida y coartada; por esto mismo, me había jurado que nunca me comportaría de semejante manera con *mis* hijos.

¿Por qué ha tenido que suceder así?

La razón está en que, cuando mis hijos eran muy pequeños, adoptaba muchas veces «actitudes automáticas». Al igual que muchas madres y padres *estresados* y angustiados, no tenía energía ni tiempo para pensarme bien las cosas y escoger de manera consciente las palabras y los hechos que me hubiese gustado decir y hacer; reaccionaba y actuaba *espontáneamente*. El problema radicaba en que mi «espontaneidad» era (como la de todo el mundo) el producto de mis propias experiencias y de mi condicionamiento cultural, y no la manifestación de un puro y virtuoso instinto maternal. Cuando más tarde comencé a comprobar y comprender mi comportamiento, me di cuenta de que, en mi papel de madre, estaba con frecuencia actuando del mismo modo que la gente que hizo de mí una niña educada. Esto fue para mí un tremendo choque, ya que hasta entonces me había considerado una clase de madre distinta. La dura verdad que tenía que digerir era que, a pesar de todas mis buenas intenciones y estudios sobre el buen cuidado de los niños, estaba todavía bajo la poderosa influencia de mis primeros modelos parentales.

Yo tuve una niñez inusualmente llena de privaciones; espero que por vuestra parte tengáis alojados en vuestros comportamientos automáticos unos modelos de conducta paternal y maternal más satisfactorios. Sin embargo, puede que todavía valga la pena hacer algunas serias reflexiones a fin de que podáis aseguraros de que cuando «vuestra madre automática» o vuestros «padre automático» estén actuando (como a menudo lo harán), estén haciendo el trabajo que *vosotros* queráis que hagan y no, por ejemplo, el trabajo que hayáis asimilado de otras personas.

Tened en cuenta que, aunque el método de crianza y educación que hayáis recibido fuese lo «suficientemente bueno» para vosotros, puede que no sea igualmente apropiado para crear la autoconfianza en vuestros hijos en particular. Después de todo, algunas de las creencias que fundamentaban vuestro estilo de crianza y educación pueden estar obsoletas a los ojos de la cultura actual (por ejemplo, la de «prescindir de la vara, estropea al niño»).

El siguiente ejercicio os ayudará, por un lado, a ser mucho más conscientes de las creencias que podéis reflejar en vuestras «actitudes automáticas» y, por otro, a reemplazar por otras alternativas aquellas que deseéis cambiar.

EJERCICIO
DESCUBRIMIENTO DE MIS CONDUCTAS AUTOMÁTICAS

Lee cuidadosamente los siguientes mensajes de «conducta parental» y toma nota de tu reacción a cada uno de ellos. De uno en uno, hazte las siguientes preguntas:

1. ¿Habrían estado de acuerdo mis padres con la creencia que contiene este mensaje?, o bien: ¿actuaban como si estuviesen de acuerdo con ella?
2. ¿Mantenían de corazón esta creencia otras figuras significativas (por ejemplo, abuelos o profesores)?
3. De niña o de niño, ¿fue mi autoconfianza de alguna manera positiva o negativamente afectada por esta creencia?

— Con los hijos los sacrificios son ciertos y las satisfacciones inciertas.
— Los niños verlos, no escucharlos.
— No se puede poner una vieja cabeza en unos jóvenes hombres.
— El buen pollo se conoce desde el huevo.
— El niño puede sacar mucho partido del consentimiento de la madre.
— Prescindir de la vara estropea al niño.
— Las cosas pequeñas complacen a las mentes pequeñas.
— Temprano maduro, temprano podrido.

Haz una lista de refranes, frases hechas o creencias que creas que pudieran haber impedido el desarrollo de tu autoconfianza. Estos dichos no tienen por qué ser tan conocidos como los anteriores, podrían ser frases o citas que, para ti, resumiesen la filosofía que se esconde detrás de mensajes «erróneos» que recibiste acerca de la crianza y educación de los hijos. Por ejemplo:

— «Los padres siempre tienen razón.»
— «Eres sólo una niña, nunca lo comprenderías.»
— «Los chicos son más importantes que las chicas.»
— «Las chicas se relacionan mucho mejor que los chicos.»

Muestra esta lista a tu pareja (o a alguna otra persona con la que puedas hablar sobre el tema) y pídele que te diga si nota la influencia de estas creencias en la forma en que estás educando a tus hijos. Pídele también que te ayude a reconocer cuándo dicha influencia se está produciendo, incluso en contra de tu propia voluntad. Procura que no te faciliten impresiones *generales* que no conducen a nada. Lo que necesitas es una información *específica* del siguiente estilo:

«Sé que estabas fuera de tus casillas, pero a la hora de comer otra vez hablaste sin tener en cuenta a los niños, y Paul, no cogió, ni de refilón, una sola palabra.» (Los niños verlos, no escucharlos.)

«Tu voz tenía un tono de superioridad cuando hablaste con Jane sobre su lista de Navidad.» (Las cosas pequeñas complacen a las mentes pequeñas.)

Empieza a reprogramar tu mente con mensajes alternativos positivos. Haz una lista de tus creencias sobre lo que es una buena crianza y educación de los hijos y colócala en un lugar prominente. Léelas con frecuencia e incúlcatelas y repítelas en voz alta de vez en cuando. (Podrías utilizar la lista de derechos de la página 157.)

Segundo paso:
Sé consciente del niño o de la niña dolida que llevas dentro

En el pasado ejercicio estuviste trabajando sobre lo que generalmente se conoce en el mundo de la terapia como la parte *maternal* o *paternal* de tu personalidad. Es el trozo de ti que no sólo quiere y necesita proteger a los demás, sino también juzgarlos y dirigirlos. Ahora vamos a encauzar nuestra atención hacia otra parte llamada comúnmente parte *infantil*.

Cuando utilizamos esta expresión, por regla general, nos referimos a dos tipos de rasgos bien diferenciados: a los rasgos *naturales* que, como cualquier otro niño, heredaste al nacer, tales como:

— espontaneidad, curiosidad, intuición, creatividad, espíritu lúdico, espíritu aventurero, sensualidad, confianza y egocentrismo;

y a los rasgos *acomodaticios* que desarrollas en tu temprana niñez como respuesta al medio ambiente en el que creces y a la forma en que tus necesidades eran (o no eran) satisfechas. Estos rasgos podrían ser, por ejemplo:

— condescendencia, sumisión, vulnerabilidad, llamar la atención, manipulación, rebeldía y miedo.

Con la llegada de nuestros propios hijos, la parte *infantil* que hay en nosotros experimenta una reestimulación y revitalización, lo que la convierte, sin duda alguna, en una fuerza muy positiva para nuestra conducta parental. Recuerdo que algunos de los momentos más entrañables que he pasado con mis hijas han sido aquellos en los que me he visto totalmente embebida en sus juegos o en su mundo de fantasía; o cuando, por el contrario, hemos llorado o reído «incontrolablemente» una en los brazos de la otra. Estas experiencias no sólo fueron buenas para las relaciones con mis hijas sino que también alimentaron y satisficieron algunas necesidades importantes de mi parte infantil, que anhelaba diversión e intimidad. En estas ocasiones volvía fresca y revigorizada a mis responsabilidades de adulta.

Hubo también muchas otras veces en las que esta parte mía no desempeñó un papel tan positivo. Esto sucedía cuando mis propias necesidades insatisfechas se situaban «al volante» de mi inconsciente. Por ejemplo, debido a que crecí en una atmósfera muy insegura, mis ansias de *niña* de «paz a cualquier precio» eclipsaban la necesidad que tenía mi hija de aprender a negociar y a argumentar. Asimismo, debido a que fui víctima de muchos atropellos, tenía el *infantil* impulso de tomarme la revancha. Así que cuando daba rienda suelta a mi cólera contenida, podía ser irrazonablemente mezquina y rencorosa.

John Bradshaw, uno de los más destacados expertos en este campo, da la siguiente explicación en su libro *Homecoming*:

> ... *cuando se impide el desarrollo de un niño, cuando los sentimientos son reprimidos, especialmente los derivados de la ofensa, la persona evoluciona hacia la edad adulta con un niño rencoroso y airado dentro de ella. Este niño contaminará espontáneamente los comportamientos adultos de la persona.*

Por tanto, cualquiera de nosotros que, desde su niñez, tenga una gran cantidad de necesidades no satisfechas o de sentimientos sofocados, tiene muchas probabilidades de ver cómo sus «conductas automáticas» son inconscientemente «guiadas» por la *niña o niño dolido que lleva dentro*, que están programados sobre la base de muchos hábitos y respuestas autodestructivos y perniciosos. Como resultado de esto, podemos encontrarnos con que somos inconscientemente impelidos hacia la satisfacción de unas necesidades que son, de hecho, insaciables, además de ser incompatibles y de estar en contradicción y en pugna con el desarrollo de la autoconfianza de nuestros hijos.

Algunas veces, por supuesto, nos daremos perfecta cuenta de que nos hemos comportado de una manera hiriente e «infantil», y es de esperar entonces que la mayoría de nosotros pidamos rápidamente disculpas a nuestros hijos y les digamos cómo hubiésemos preferido actuar. Desgraciadamente, es muy probable que haya algunas otras veces en que nos pase completamente inadvertido el hecho de que esa criatura dolida que llevamos dentro esté sentada al volante. De hecho, puede que, como defensa, nos convenzamos de que estamos actuando por el bien de nuestros hijos.

Por ejemplo:

Una madre o un padre que lleve dentro una niña o un niño celoso y pretendan que su hija quinceañera cumpla la norma de volver a casa a una hora ridícula, le dirían algo así:

> *Tu generación no tiene ni la más remota idea de lo que significa ser «estricto». Puede que te cueste comprender por qué insisto en esta hora, pero sé que cuando seas mayor te darás cuenta de que lo hago por tu propio bien y que en el fondo lo que queremos es aquello que sea lo más conveniente para ti.*

Por otro lado, unos padres que lleven dentro un niño hiperansioso y que intenten poner fin a una pequeña disputa entre dos de sus hijos, dirían lo siguiente:

> *Os mando ahora mismo a la cama para que no os saquéis los ojos el uno al otro.*

Tales razonamientos lo único que hacen es echar más leña al fuego, porque la confusión que causan estos «mensajes dobles» en la mente de nuestros hijos impedirá a la mayoría de ellos contestar o replicar. En lugar de esto, su autoestima sufre otra dentellada, puesto que llegan a la conclusión de que el problema (cualquiera que éste sea) es culpa de ellos.

(Después de todo, los hijos siempre harán lo posible por pensar lo mejor de sus padres, incluso aunque haya una abrumadora evidencia de todo lo contrario.)

A menos que tu niñez estuviese felizmente libre de ofensas, desengaños y renuncias, existen muchas probabilidades de que tú también tengas dentro de ti una niña o un niño dolido que podría sabotear tus esfuerzos de adulto por imbuir autoconfianza en tus hijos.

A continuación relaciono los modelos de sabotaje más comunes. Cada modelo lleva a su lado las palabras o pensamientos que suelen acompañarlo, amén de una descripción de la *niña o niño dolido que podríamos llevar dentro*, que son generalmente la causa de la conducta nociva.

SABOTAJE	PALABRAS O PENSAMIENTOS	NIÑA O NIÑO DOLIDO QUE SE LLEVA DENTRO
Hiper-compensación	«Procuraré que mis hijos no tengan que pasar por todo lo que yo he pasado.»	A menudo, el resultado de una ofensa o un desengaño.
Hiper-dependencia	«Estoy seguro de que lo hago mal; preguntaré a Jill o me haré con un nuevo libro sobre el tema.»	Con frecuencia, el resultado de no contar con suficiente aprobación.
Inadecuada imitación	«Cuando yo era niño siempre lo hicimos de esta forma.»	Frecuentemente, el resultado de haber recibido un cariño demasiado condicionado.
Hiperprotección	«Todo el cuidado que se tenga es poco.»	Con frecuencia, el resultado de sentir inseguridad, haber tenido experiencias amedrentadoras o una protección «asfixiante».
Hiperambición	«Sólo los que obtienen sobresalientes o matrículas son lo suficientemente buenos.»	A menudo, el resultado de no haber sacado buenas notas en el colegio.
Perfeccionismo	«No vale la pena intentarlo si no puedo hacerlo como es debido.»	Con frecuencia, el resultado de no haber tenido la posibilidad de cometer errores o correr riesgos.
Hiperseriedad	«La vida es dura; cuanto antes aprendan mis hijos esta lección, mejor.»	A menudo, el resultado de tener que crecer con demasiada rapidez.

SABOTAJE	PALABRAS O PENSAMIENTOS	NIÑA O NIÑO DOLIDO QUE SE LLEVA DENTRO
Irresponsabilidad	«Tomémonos otra copa y dejemos que los hados se hagan cargo del mañana.»	Frecuentemente, el resultado de haber estado de niño controlado en demasía o insuficientemente.
Revanchismo	«No les vendrá mal sufrir un poco; nosotros lo pasamos mucho peor que ellos.»	A menudo, el resultado de abuso psíquico o físico.
Matonismo	«O lo haces como yo digo, o te vas a acordar.»	Con frecuencia, el resultado de haber recibido en la infancia ofensas o de haber sido privado de derechos razonables.
Inflexibilidad	«Tú te lo has buscado, así que tienes que apechugar con ello.»	Con frecuencia, el resultado de haber tenido que doblegarse a situaciones negativas aparentemente inevitables.
Emociones incontroladas	«Me enfadaste tanto que no pude contenerme.»	Frecuentemente, el resultado de tener reprimidas las emociones y no haber recibido consejos de cómo controlarlas.

Si después de leer esta lista empiezan a sonar tus timbres de alarma, no te desesperes: *puedes* hacer algo para modificar estas indeseables pautas de conducta.

EJERCICIO
CONDUCTAS SABOTEADORAS DEL NIÑO O DE LA NIÑA
QUE LLEVO DENTRO

Este ejercicio te ayudará a identificar tus hábitos específicos de sabotaje de forma que puedas estar en guardia, traerlos a tu consciencia y, por consiguiente, tener más control sobre ellos.

Este ejercicio te llevará, como mínimo, hora y media; si puedes dedicarle más tiempo, sacarás más provecho de él. Busca asiento en algún sitio donde puedas estar seguro de que nadie te interrumpirá. Necesitarás algunas fotos de tu infancia o cosas que te traigan recuerdos de ella, como juguetes o libros, y si es posible, música relajante.

- Pasa de cinco a diez minutos contemplando las fotos o los objetos.
- Pon la música que hayas escogido y dedica dos o tres minutos a hacer un intento consciente de relajamiento. Una vez que te sientas relajado, deja que tu mente «vague» a través de los recuerdos de tu niñez. Después de un rato, dedica veinte minutos a concentrar tu mente en algunos de los desengaños, agravios o renuncias que recuerdas o te imaginas haber tenido. Ten presente que no tienes que buscar grandes traumas, sino más bien una serie de pequeños incidentes, ya que estos pequeños incidentes en conjunto pueden a menudo producir una considerable lesión. Si ves que algunas determinadas vivencias son difíciles de recordar, piensa de un modo general en tus relaciones y en el estilo de vida o idiosincrasia de tu familia o escuela. Puedes tomar nota de todo esto a medida que lo vayas recordando.
- A continuación, trata de establecer un vínculo entre estas experiencias tempranas (es decir, de las heridas que llevas dentro) y las posibles dificultades que podrías tener (o de hecho tienes) para criar y educar a tus hijos de la forma en que te gustaría hacerlo. Utiliza a modo de guía la lista que aparece en las páginas 50-51; y ten en cuenta que no es una lista exhaustiva y que puedes añadir lo que desees.
- Haz tu propia lista que podría contener puntos como éstos:

«Puede que sea una persona demasiado intimidante por estar resentido con mi padre por lo riguroso que era conmigo.»

«Posiblemente, recompenso con excesiva generosidad a mis hijos porque mis padres eran humildes.»

«Posiblemente, tiendo a protegerlos en exceso porque nadie me protegió de los agravios que sufrí.»

«Seguramente me molesta la libertad que disfrutan mis hijos para aventurarse en la vida, porque yo siempre estuve arropado, viví sin sobresaltos, y no me sentía preparado para los golpes y exigencias de este mundo.»

«La exagerada angustia que me ocasionan los resultados de los exámenes posiblemente se deba a que mi escuela no fue capaz de enseñarme a aprovechar mi potencial.»

«Quizá trate de imitar a mis padres cuando no consiento que mis hijos protesten, ya que en casa nunca se nos permitió replicar.»

«Puede que reaccione con violencia cuando los niños me critican, ya que era raro que me dejaran decir lo que pensaba.»

- Discute estos puntos con tu pareja, con una amiga o amigo de confianza, e incluso con tus hijos si tienen edad para ello. Pídeles que te comenten si alguna vez han pensado que estás de alguna manera menoscabando la autoconfianza de tus hijos con uno de los anteriores comportamientos.

Tercer paso:
Presta atención a tus sueños y deseos personales

Aquellos que no sueñan están perdidos.
Proverbio

Otra forma no tan clara de dañar la autoconfianza de los niños es cuando sus padres abandonan sus propios sueños. Cuando esto sucede, es frecuente que los hijos reciban un mensaje, ya sea directo o indirecto, que más o menos viene a decir esto: «Todo lo que tengo en la vida eres tú y la esperanza en lo que me pueda deparar tu futuro.»

Los hijos que se sienten responsables de la felicidad de sus padres están casi condenados a sentir una continua sensación de fracaso; los resultados de sus exámenes pueden ser brillantes, pueden ser obedientes, serviciales, guapos, fuertes, tener amigos «agradables» y «convenientes»; sin embargo, a pesar de todo ello y hagan lo que hagan, papá, mamá o ambos a la vez, seguirán considerando la vida como algo decepcionante. (Y es que, de todos modos, ¡es muy raro que el placer sustitutivo sea tan bueno como el real!)

Muy pocos padres, desde luego, empujarían *intencionadamente* a sus hijos hacia un fracaso tal; no obstante, la *conducta* negligente o sacrificada que para sí tienen los primeros transmite el mismo mensaje. Estoy segura de que os vendrán fácilmente a la cabeza dos o tres ejemplos de gente feliz, ambiciosa, llena de talento y creativa que, nada más crear una familia, ha cambiado radicalmente para convertir su existencia en una vida llena de rutinas, rituales y conversaciones orientadas a los hijos. Porque estuve casi a punto de caer en esto, sé por propia experiencia que, una vez establecida la rutina, es del todo fácil vernos literalmente viviendo por y para nuestros hijos, así como extremadamente difícil encontrar motivación y energía para recuperar nuestras propias ambiciones. Por tanto, para combatir estas inclinaciones seductoras e inconscientes en cuanto a permitir que vuestros hijos soporten la carga de proporcionaros el grueso de vuestra felicidad, no tenéis nada más que comprobar regularmente que vuestros sueños no se estén evaporando hacia las regiones del olvido en ese archiconocido «horno» de las relaciones entre padres e hijos. Para ello podéis comenzar ahora haciendo este próximo ejercicio.

EJERCICIO
RECUPERACIÓN DE MIS SUEÑOS

- Dedica algún tiempo a conseguir un estado de relajamiento en un lugar tranquilo.
- Cierra los ojos y —al menos en cinco minutos— trata de verte durante un período de diez años, llevando lo que *para ti* sería una vida *ideal*. Contestar a las siguientes preguntas podría ayudarte en este empeño:

— ¿Dónde estás viviendo y qué aspecto tiene la casa?
— ¿Con quién vives?
— ¿Qué trabajo tienes y qué es lo que te gusta de él?
— ¿Qué clase de vida social haces?, ¿algunos amigos nuevos?
— ¿Qué es lo que has logrado en los últimos diez años?
— ¿Cuáles son tus planes para los próximos diez años?

- Comparte estos sueños con tu pareja si tienes una (si no la tienes, recurre a una amiga o amigo íntimo) y luego escucha a tu vez sus sueños.
- «Reescribe» tus sueños, convirtiéndolos en una o más *metas que sean alcanzables a la par que ambiciosas.*
- Anota los obstáculos que, relacionados con tus hijos, crees que se interponen en el camino que conduce a hacer realidad tus sueños. Por ejemplo:

— Un servicio de guardería que no ofrezca confianza.
— No poder sufragar los gastos del curso, así como pagar las clases de natación y música de los niños.
— «Los niños se llevan hasta la última gota de mis reservas de energía.»
— «No puedo aspirar a un ascenso porque eso supondría trasladar a los niños a otro lugar, y nunca se adaptarían a la nueva escuela.»
— «Creo que es el sagrado deber de los padres anteponer siempre las necesidades de sus hijos a todo lo demás, y nunca me perdonaría no haberlo hecho.»
— «Cuando pienso en todas las cosas a las que mis padres renunciaron por mí, el retrasar el comienzo de mis estudios se me antoja una insignificancia.»

- Sirviéndote de la ayuda de tu pareja o de un amigo, pon en tela de juicio —con sentido crítico— cada uno de los obstáculos que has anotado. Pregúntate si estos obstáculos son verdaderamente inamovibles o si tú, quizás inconscientemente, estás utilizando a tus hijos como una «honorable» excusa para no aceptar el desafío de vivir a todo lo que dé tu potencial.

- Prepara un *plan de acción* que al menos incluya una medida a tomar dentro de las dos próximas semanas y colócalo en un lugar visible. Por ejemplo:

  — conseguir el catálogo informativo de una universidad abierta;
  — hablar con otros padres que trabajan sobre cómo cuidan a sus hijos;
  — hacerte con algunas cintas motivacionales que fomenten la auto-confianza;
  — inscribirte en un curso que te indique cómo aprovechar tu tiempo, o
  — apuntarte a un club de salud.

- Si tus hijos son lo bastante mayores, hazles *partícipes* de tus sueños, metas y planes. Puede que, de alguna manera, seas capaz de conseguir su ayuda o cooperación (por ejemplo, redacta tu plan de acción de un modo atractivo y pídeles que comprueben cómo lo cumples; invéntate un calendario de comidas o pídeles que te enseñen a manejar el ordenador; sólo tienes que pensar en el empuje que una cosa así le daría a su orgullo de sentirse útiles.

Recuerda:

La confianza florece espontáneamente en una atmósfera de fervor, felicidad y éxito.

Cuarto paso: Incrementa tus conocimientos sobre el cuidado y desarrollo de tus hijos

Saber es poder

Este dicho es tan válido en el campo de la creación de la auto-confianza como en cualquier otro. En los últimos cincuenta años, el mundo, a través de la investigación científica y del rápido intercambio de información y técnicas, ha amasado una considerable suma de conocimientos acerca de muchos aspectos del cuidado de los niños. Estos conocimientos han contribuido a desarrollar nuestra capacidad (al menos en teoría) para criar unos hijos físicamente sanos, anímicamente fuertes y capaces de desenvolverse en el mundo que les rodea. No me extraña, pues, que los hijos cuyos padres hayan tenido el deseo y la posibilidad de adquirir estos nuevos conocimientos irrumpan en ese mundo con muchas e importantes ventajas para adquirir confianza en sí mismos.

Cuanto más vivo, más convencido me siento de que lo que era suficientemente bueno para nuestros padres no es suficientemente bueno para nosotros.

OSCAR WILDE

Los padres bien informados, los que siempre *se muestran* ansiosos e interesados en aprender (a diferencia de esa otra casta de los «sabelotodo»), estarán más capacitados para:

— obtener recursos que ayuden a sus hijos a hacer el mejor uso de su potencial;

— dar a los hijos sensación de seguridad al poder tomar decisiones con más facilidad, y, en situaciones de crisis, saber qué es lo que se puede o no se puede hacer; por lo que el pánico, por ejemplo, no los hará correr a ver al doctor o al director de la escuela para presentarles pequeños problemas sin importancia, y, por último,

— demostrar el poder de determinadas cualidades personales como la inventiva y la confianza en uno mismo.

Cae fuera del ámbito de este libro que intentemos siquiera resumir el gran volumen de relevantes conocimientos que existe en los campos de la salud, de la educación y de la psicología infantiles; no obstante, el ejercicio que sigue pondrá de relieve alguna de las ventajas de estar informados y os ayudará a empezar a identificar algunas áreas en las que quizá queráis «educaros».

Pero, antes que nada, ¡unas palabras de alguien que ha estado a punto de llegar a la sobredosis en este asunto! Es tan vasta, variada y fascinante la cantidad de conocimientos, que existe el peligro de que algunos de los perfeccionistas que se pasean entre nosotros puedan convertirse en adictos o sentirse obsesionados. Si un día os dais cuenta de que os están absorbiendo tanto los artículos sobre nutrición y coeficientes de inteligencia, que olvidáis, o no tenéis tiempo, de ir al mercado a comprar verduras frescas; o que estáis gastando tanto dinero en libros sobre el cuidado de los niños que no os queda ni para adquirir entradas para el teatro, ¡es indicio de que ciertamente habéis llegado demasiado lejos! En serio, de vez en cuando muchos de nosotros necesitamos recordarnos a nosotros mismos que no estamos aspirando a honores de primera clase por nuestro comportamiento como padres o madres, sino solamente a la adquisición de una información «suficientemente buena». Y recordad: el simple hecho de que estéis leyendo este libro indica que es muy probable que estéis siguiendo los pasos más adecuados para criar y educar bien a vuestros hijos.

> *Ninguna época de la historia ha estado tan volcada al niño como la nuestra, ni ha dado tampoco tantos padres que se consideren ellos mismos tan poco preparados para serlo. Después de generaciones, cuando podrían hacer las cosas sin equivocarse, muchos padres se sienten en la actualidad incapaces de hacer algo bien.*

DAVID LEWIS, *How to be a Gifted Parent*

Tomaos tiempo para leer la siguiente lista de comprobación. Tomad nota de cualquier pregunta que no podáis contestar y luego —en vez de dejaros apabullar por un complejo de culpabilidad— consultad el plan de acción que figura en la página 63.

1. *¿Tenéis un adecuado conocimiento de los asuntos relacionados con la salud de los niños?*

- ¿Estáis preparados para hacer que vuestros hijos disfruten de un estado óptimo de salud de forma que puedan sacarle el máximo partido a su potencial físico e intelectual?
- ¿Estáis lo bastante bien informados como para dar un buen ejemplo de cómo hay que tratar los accidentes, las enfermedades y los problemas de salud de manera tranquila, positiva y confiada?
- ¿Sabéis lo bastante de los servicios médicos profesionales de vuestra vecindad como para hacer un uso adecuado, rápido y eficaz de los mismos?
- En el capítulo de la autoayuda: ¿sabéis, por ejemplo, lo suficiente de un aspecto tan importante como:

  — La nutrición? (Por ejemplo, ¿es verdad que el pescado potencia la mente, que los aditivos pueden producir hiperactividad, que las vitaminas avivan el rendimiento y que los niños deben comer verduras?)

  — La forma física? (Por ejemplo, ¿necesitan los niños dedicar un tiempo extra a hacer ejercicios o a hacer deporte, o mantendrán la adecuada forma con sólo gastar su energía natural?)

  — Los síntomas de las enfermedades comunes de la infancia? (Por ejemplo, ¿sentiríais pánico ante la presencia de manchas rojas en la piel de vuestros hijos?, ¿descartaríais enseguida que un fuerte resfriado fuese una meningitis?)

  — Los primeros auxilios? (Por ejemplo, ¿podrían vuestros hijos quedar desfigurados o incapacitados de por vida, por-

que no sabéis cómo tratar una quemadura o cómo manejar una fractura de un miembro del cuerpo?)
— La dentadura? (Por ejemplo, ¿podéis distinguir un dolor de muelas de una pataleta?, ¿podría ocurrir que tratarais ambos problemas de forma similar, con el peligro que ello implica, porque sabéis muy poco de asuntos de dentición? En cuanto a la imagen de vuestros hijos: ¿indican las investigaciones que vale la pena perseverar con la ortodoncia en caso de dientes torcidos?)

2. *¿Necesitáis saber más sobre la educación de los hijos?*

- Durante el desarrollo educacional de vuestros hijos, ¿seríais capaces de proporcionarles un apoyo idóneo? Muchos padres dañan la autoconfianza de sus hijos empujándolos demasiado pronto a aprender y a hacer cosas sin estar todavía preparados para ello. (Por ejemplo, ¿sabes a qué edad la *mayoría* de los niños son capaces de comenzar a leer o comprender conceptos abstractos?, ¿vale la pena gastarse el dinero en ayudas y juguetes educativos, o a los niños les va mejor sin ellos?)
- ¿Sabéis como detectar las principales dificultades del aprendizaje? La autoconfianza de algunos niños se lesiona porque estas dificultades se descubren demasiado tarde; no podemos, por tanto, confiar en que serán los maestros o los doctores los que se den cuenta de ellas. (Por ejemplo, ¿sabéis lo que es realmente la dislexia y la ayuda que puedes recibir para ella?, ¿ofrecen todas las escuelas clases especiales para remediarla?)
- ¿Conocéis suficientemente los planes de estudios *actuales*, los sistemas de exámenes y las calificaciones? Sé que la autoconfianza de muchos niños se ha resentido por el simple hecho de forzarlos a seguir una ruta educativa inapropiada, en la que no tenían ninguna esperanza de medrar. Esto pasa a menudo por empeñarse los padres en que sus hijos deben buscar su seguridad en una carrera, toda vez que no quieren que éstos cometan los mismos errores que ellos cometieron, o vieron a otros cometer. Ejemplo de esto lo tenemos en no cursar ciertas asignaturas,

dejar el sistema educativo demasiado pronto, o incluso adquirir una preparación académica excesiva. En un campo tan cambiante como éste es muy importante no fiarnos sólo de nuestra experiencia personal, ya que incluso los accesos a las carreras tradicionalmente más seguras han cambiado una enormidad en los últimos veinte años.

- Si ayudáis a vuestros hijos en sus deberes escolares: ¿están actualizados vuestros métodos y fuentes de información o podríais estar confundiéndolos y preocupándolos más? (No olvidéis que muchos niños en tal situación *no* exteriorizan su confusión por temor a impacientar a sus padres o aparecer ante ellos tan estúpidos como ellos creen sentirse.)

3. ¿Conocéis lo bastante sobre alteraciones de la conducta?

- ¿Son consideradas bastantes «normales» en niños de cierta edad algunas de las conductas expuestas en los siguientes ejemplos? Si es así, ¿en qué etapa *más o menos* del desarrollo de vuestros hijos aparecerán cada una de ellas?

  — Dificultades para sostener erecta la cabeza.
  — Mojar la cama.
  — Berrinches caprichosos.
  — Pesadillas.
  — «Ver» fantasmas.
  — Hablarle a un amigo imaginario.
  — Negarse a separarse de su manta u osito favorito.
  — Escribir en las paredes.
  — Mostrar una conducta sexual y hablar de sexo.
  — Hablar insistentemente de la muerte (incluyendo la propia).
  — Comportamientos ritualistas u obsesivos.
  — Masturbación.
  — Obsesión por el fuego.
  — No querer ir a la escuela (¿inexplicables dolores de estómago?).
  — Celos.

— Mentir.
— Robar.
— Experimentar con el tabaco, la bebida o las drogas.

• ¿Seríais capaces de afrontar estas alteraciones de la conducta? (Si no es así, no os desesperéis; los capítulos 5 y 11 podrán seros de alguna utilidad.)

4. *¿Sabéis dónde pedir ayuda profesional si vosotros o vuestros hijos la necesitáis?*

• ¿Podríais establecer las diferencias que existen entre los siguientes profesionales?

— Pediatra.
— Psicólogo infantil.
— Psiquiatra infantil.
— Psicoterapeuta infantil.
— Analista infantil.

• ¿Sabéis si vosotros o vuestros hijos tenéis derecho a recibir de estos profesionales asistencia gratuita o subvencionada?
• ¿Sabéis cuándo y cómo solicitar tales servicios si alguna vez decidís que uno de vuestros hijos los necesita?

5. *¿Tenéis suficiente conocimiento de los peligros que vuestros hijos podrían encontrar fuera de casa?*

• ¿Conocéis los pegamentos de consumo corriente que los niños inhalan para excitarse?
• ¿Tenéis clara la diferencia que existe entre drogas duras y blandas? ¿Seríais capaces de notar los síntomas en un niño que estuviese experimentando con varias drogas?
• ¿Sabéis lo suficiente acerca del VIH, del SIDA y de las enfermedades de transmisión sexual?

EJERCICIO
PLAN DE ACCIÓN PARA AUMENTAR MIS CONOCIMIENTOS

Puede que os sintáis un tanto desalentados por el número de preguntas de la lista que no habéis sido capaces de contestar; no obstante, siempre tendréis una ayuda a mano. Para empezar, anotad cualquier acción que queráis tomar para ampliar vuestros conocimientos en cualquiera de estos temas; por ejemplo:

— Educación. Podría ayudaros entrar en contacto con la escuela y el ayuntamiento de vuestra localidad, con la biblioteca y con la librería.

— Sanidad. Comentad las preguntas con vuestro médico de medicina general; asistid a un curso de primeros auxilios, y poneos en contacto con las autoridades sanitarias locales para recabar información adicional.

— Leyes. Visitad el Consejo Asesor del Ciudadano de vuestra localidad.

— Alteraciones de la conducta. Inscribíos en cualquier curso de educación de adultos que se celebre sobre este tema; consultad con vuestro médico de medicina general, o uníos a un grupo de padres que tengan vuestras mismas inquietudes.

Por último, tal como he dicho anteriormente, *nunca* penséis que tenéis que «saberlo todo», ya que eso podría ser tan perjudicial para el crecimiento de la autoconfianza de vuestros hijos como el no saber lo suficiente. Lo importante es que seáis conscientes de la amplitud y limitaciones de vuestros conocimientos y que podáis demostrarles que estáis dispuestos a hacer cualquier esfuerzo para aprender cualquier cosa que pueda ser beneficiosa para ellos (incluso cuando sean ellos mismos vuestros instructores).

> *El primer paso hacia el conocimiento es saber que somos ignorantes.*
> LORD DAVID CECIL

Quinto paso:
Desarrolla tu capacidad para controlar el estrés

Los cursos sobre el control del estrés se han convertido en un componente rutinario de la mayoría de los programas de formación encaminados al éxito en los negocios. Estoy segura de que la razón de este desarrollo no es que la mayoría de los gestores y directivos se hayan vuelto de repente más altruistas, sino que sencillamente saben por experiencia que enseñar métodos positivos para manejar el estrés incrementa la eficiencia. Al parecer, muchos padres necesitarían también aprender la misma lección; después de todo, su nivel de estrés excede con frecuencia a los que normalmente se registran en el mundo de los negocios. No sólo es el papel de padres física, emocional y mentalmente exigente, sino que también no parece que ofrezca una recompensa *inmediata* que nos estimule a afrontar los inevitables «hundimientos».

¿Cómo puede nuestro estrés dañar la autoconfianza de nuestros hijos? Pienso que principalmente de dos formas: la primera, cuando permitimos que el estrés nos invada más de la cuenta y no nos deje tener la suficiente paciencia y energía para realizar como es debido las funciones de la crianza y educación de los hijos. Por ejemplo, si estamos demasiado estresados:

— no tenemos paciencia para estar esperando todo el día viendo cómo la niña o el niño no atinan a amarrarse los cordones de sus zapatos, así que se los atamos nosotros;

— solamente vemos el revoltijo que hay en el suelo de la sala de estar y no nos damos cuenta del original castillo que tan concienzudamente ha sido construido, y;

— «chillamos» injustamente a nuestros hijos quinceañeros por haber llegado tarde, y todo porque no tenemos la energía necesaria para escuchar la razonable explicación que intentan darnos.

Y la segunda, como ya indiqué antes, cuando, por estar excesivamente estresados, somos más dados a incurrir en reacciones negativas motivadas por nuestras «actitudes automáticas» y por la niña o el niño dolido que llevamos dentro.

Todos reaccionamos ante el estrés de un modo personal, por lo que la cantidad de presión que cada uno de nosotros puede soportar antes de tener una reacción negativa varía considerablemente. Para unos padres las pataletas de un solo pequeño podrían ser intolerables, mientras que otros necesitarían al menos los gritos al unísono de diez de ellos para hacerles perder su virtuosa compostura. De igual modo, una oportuna taza de té o un paseo por el jardín podría restaurar la armonía interior de una madre o un padre, mientras que otros podrían necesitar una hora de aromaterapia para calmar sus quebrantados nervios. Las estrategias y los programas referentes al tratamiento del estrés deben siempre diseñarse a la medida de la persona; por esto mismo creo que la *autoevaluación* periódica es el método más importante para tratar con efectividad altos niveles de presión.

Cuando nos analicemos para buscar en nosotros signos de reacciones negativas motivadas por el estrés, tenemos que contemplar con objetividad a todas y cada una de las siguientes áreas:

— nuestra salud física,
— nuestro estado emocional,
— nuestro funcionamiento mental y
— nuestra conducta.

Una forma rápida de hacer esto es disponer de una lista corta (en la cabeza o en un papel) de nuestras propias señales *delatoras*; esto es, los «síntomas» que solemos presentar cuando traspasamos el umbral de nuestra tolerancia. La razón por la que necesitamos una lista de este tipo está en que el estrés tiene la insidiosa costumbre de deslizarse silenciosa y gradualmente dentro de nosotros, sin que nos demos cuenta de la tensión que nos embarga.

Para hacer frente a la progresiva presión del estrés, nuestro organismo empieza a suministrar cantidades adicionales de adrenalina y otras hormonas estimuladoras de energía. Un efecto de esta carga extra que recibe nuestro sistema es que nos sentimos un poco «achispados» y, de hecho, experimentamos menos dolor físico. Así que no es sorprendente que la gente que está hiperestresada a menudo dé la impresión de no saber cuándo decir «no» a nuevas presiones y parezca que no es consciente de sus negativos efectos. («Sí, por supuesto, tráete los niños que quieras: cuanto más seáis, mejor lo pasaréis.») Pero entonces (¡sorpresa!, ¡sorpresa!) alcanzan de repente su «punto de ruptura», que puede manifestarse de varias formas: desde el «terrible dolor de cabeza» hasta la «furia ciega».

El próximo ejercicio os ayudará a identificar vuestras particulares señales de aviso. Señales que constituyen vuestro conjunto particular de síntomas y que os pueden servir como indicadores de que podéis estar entrando en el resbaladizo camino que conduce a la «crisis». En cuanto notéis que empiezan a aparecer, sabréis que ha llegado la hora de tomaros un respiro y de iniciar alguna actividad que os ayude a liberaros de la presión. Vuestro objetivo será hacer que vuestro cuerpo y vuestra mente retornen a un cómodo y eficiente nivel de funcionamiento. (Claro está que para unos padres muy ocupados sería mucho pedir que pudiesen vivir en un estado permanente de calma y armonía internas.) Y, por supuesto, lo que os ayudará a relajaros y a revitalizaros dependerá de vuestra propia personalidad y estilo de vida. Tened en cuenta que no hay una «panacea» mágica para el estrés, por lo que cada uno de nosotros tiene que experimentar con diferentes métodos de relajación hasta que encontremos nuestra propia fórmula.

*El momento de relajarnos es cuando no encontramos ningún
momento para hacerlo.*

SYDNEY HARRIS

EJERCICIO
SEÑALES DE AVISO DE MI ESTRÉS

Para cada una de las secciones que siguen haz una lista con aquellos
síntomas que sueles experimentar y notar cuando estás bajo demasiada
presión.

Señales físicas de estrés

Por ejemplo: palmas de las manos sudorosas; dificultad respiratoria;
vértigo; palpitaciones; indigestión; retortijones o espasmos estomacales;
náuseas; dolor de hombros, cuello o espalda; fatiga muscular; pinchazos;
ojos cansados; zumbidos en los oídos; dolor de dientes por apretarlos o
rechinarlos convulsivamente; micciones frecuentes; enfermedades infec-
ciosas; infecciones de vejiga; sinusitis; frecuentes infecciones virales; pérdida
o ganancia de peso; estreñimiento o diarrea; problemas de piel; neuralgia;
desarreglos en el ciclo menstrual. En el espacio que a continuación se proporciona, escribe tus particulares reacciones físicas al estrés.

....

....

....

Señales emocionales de estrés

Por ejemplo: ansiedad creciente; acusada predisposición a sentirse
agraviado o trastornado; propensión al llanto; irritabilidad; depresión; confusión; sentimientos de desapego y apatía; desorientación; aburrimiento;
falta de sentido del humor; malos modos; «tontos» sentimientos de culpabilidad; baja autoestima; egoísmo; desamparo; paranoia; inseguridad;
soledad; enfados persistentes o inadecuados. Anota ahora en el espacio
en blanco que se proporciona las señales emocionales que delatan tu
estrés.

....

....

....

Señales mentales de estrés

Por ejemplo: falta de concentración; olvidos; incapacidad para pensar con claridad; quedarse «en blanco»; cometer sencillos errores aritméticos; pensamientos obsesivos; preocupación por detalles insignificantes; mente constantemente saltando de un pensamiento a otro; imposibilidad de «desconectar» la mente para relajarse o dormir. Anota tus propios síntomas en el espacio que se proporciona.

....

....

....

Señales de estrés en la conducta

Por ejemplo: continua movilidad; hacer una montaña de un grano de arena; pasar fugaz e ineficazmente de una tarea a otra; incapacidad para tomar decisiones; defectuosa planificación; morosidad, deficiente control de las finanzas; pérdida de objetos; tropezar con cosas; hablar demasiado; quejarse, hábitos nerviosos como rascarse o morderse las uñas; fumar, comer o beber más; insomnio; pesadillas; falta de puntualidad; falta de aseo; aspecto desarreglado; discutir más; explosiones de irritabilidad o rabia; resistencia a delegar; hiperprotección; impotencia; pérdida de la libido; asertividad decreciente; deficiente comunicación o atención; dificultad para adaptarse a los cambios. Anota tus propios síntomas en el espacio que se proporciona.

....

....

....

Si creéis que vuestros síntomas de estrés aparecen cada vez con más frecuencia y que vuestras «actividades de descompresión» parece que producen poco o ningún efecto, habría llegado entonces la hora de emprender una radical reorganización de vuestro estilo de vida y de vuestras formas de cuidaros.

Ahora bien, si veis que incluso esto no funciona, no resignaros a ser antes de tiempo los inquilinos de una sepultura o a vender a vuestros hijos en pública subasta; no, tenéis que tomar entonces la determinación de hacer alguna actividad apropiada de desarrollo personal. Utilizad el siguiente ejercicio para planear cualquier acción que debáis tomar a fin de prevenir la aparición de un estrés innecesario.

EJERCICIO
MEDIDAS PARA PREVENIR EL ESTRÉS

- Pregúntate si podría ser beneficioso para ti:
    - una dieta más nutritiva (que te dé más energías);
    - una nueva tabla de ejercicios (que te libere de la tensión);
    - un entrenamiento sobre asertividad (para ayudarte a defender tus derechos);
    - una mejor administración del tiempo (que te ayude a organizar y a planificar eficientemente);
    - una mayor atención a la comunicación (para mejorar tus relaciones);
    - unas clases de meditación (para reavivar tus poderes de reflexión y creatividad);
    - un mejor control de la ansiedad y de la irritabilidad (para darte un mayor control emocional);
    - un cursillo de técnicas presupuestarias (que te haga ejercer un mejor control de tus finanzas);
    - la adquisición de una filosofía (que te ayude a evaluar las prioridades de tu vida);
    - unas clases para estimular la acción independiente (¡que te enseñen a depender menos de ayudantes poco fiables!), y
    - nuevas amistades (que te apoyen y con las que te diviertas).

- Ahora, añade tus propias ideas:

....
....
....
....
....
....

Una vez que hayas aprendido a gobernar tu propio estrés, ¡piensa qué excelente ejemplo serás para tus hijos y en los conocimientos y experiencias que podrás transmitirles en esto de controlar el estrés!

La calma es un componente esencial de la confianza en uno mismo

Capítulo 3
Creación de un ambiente propicio

El hogar está donde uno comienza.
T. S. ELIOT

Preparación del hogar

ALGUNOS DE NOSOTROS tenemos muy pocas opciones en cuanto a escoger la casa en la que vamos a criar y educar a nuestros hijos. Pero, si las tenemos, creo que hay algunos puntos relevantes que deberíamos tener en cuenta en el momento de «construir nuestro nido». Aunque no se me oculta que es muy probable que la mayoría de la gente que lea este libro haya pasado por esta situación hace bastante tiempo y tenga ya montado su hogar muy adecuadamente, he decidido, no obstante, incluir este apartado, en parte porque mi experiencia es muy similar a la del doctor Thomas Gordon, quien, en su libro *Parent Effectiveness Training*, escribe:

> Muy a menudo me asombro al comprobar cómo muchos padres demuestran con sus actitudes y conducta que tratan a sus invitados con un respeto mucho mayor que el que reservan para sus propios hijos. Muchos padres actúan como si los hijos tuvieran que ser los que llevaran a cabo todo el proceso de adaptación al entorno.

La mayor parte de mi infancia la pasé bajo el auspicio de las autoridades locales. Mis hogares fueron una serie de instituciones impersonales que fueron creadas pensando más bien en la economía, la eficiencia y el aseo, que en las necesidades psicológicas de sus habitantes.

Cuando, a la edad de catorce años, me colocaron bajo la custodia de mi padre y me dieron una habitación para mí sola, no es de extrañar que me quedase pasmada; todavía recuerdo, además, el estado de ensoñación que se apoderó de mí cuando me llevaron a escoger las cortinas para *mi* habitación. A lo largo de los turbulentos años de mi adolescencia, cuando luchaba por encontrarle sentido a mi existencia y al mundo que me rodeaba, ese cuarto constituyó un espacio privado y seguro al cual podía siempre retirarme. Allí escuché música interesante y leí libros y revistas que colocaron ante mis ojos mundos que nunca podía imaginar que existiesen y que me hicieron poner en tela de juicio creencias que nunca antes tuve ocasión de cuestionar. También, cosa muy importante, fue un lugar tranquilo donde pude estudiar y comenzar, por fin, a hacer uso de parte de mi potencial intelectual y creativo. Y aunque esta «operación de rescate» llegó demasiado tarde para mi salvación académica en la escuela, sí sembró semillas de esperanza que —¡treinta años más tarde!— pude cultivar y sacarles fruto. Me estremezco al pensar qué otras valiosas partes de mi ser se hubiesen perdido para siempre, si no hubiera tenido este reconfortante y estimulante «refugio» en ese momento crítico de mi desarrollo psicológico.

El dinero puede ser, por supuesto, un importante factor en la creación de un hogar (después de todo, él fue el que me consiguió ese espacio extra de intimidad en mi época de adolescente), aunque es importante recordar que los ambientes pueden ser también opresivos a pesar de que se haya invertido «mucho dinero» en ellos. Particularmente, a través de mi trabajo de creación de autoconfianza, he conocido a muchas personas que —a pesar de haber crecido rodeadas de un relativo lujo— estimaban que los ambientes de su niñez fueron tan detestables como los míos. La negatividad de sus estimaciones parece que tiene su origen en el hecho de que sus casas fuesen diseñadas más con vistas a deslumbrar a los vecinos que a colmar las necesidades de unos vivaces y curiosos niños.

Echémosle, pues, una mirada a los principales factores que hay que tomar en consideración cuando planeemos formar un hogar que fomente —o al menos no impida— el desarrollo de la autoconfianza en el niño.

Seguridad y prevención de accidentes

Desde un punto de vista ideal, los hijos requieren un entorno que les permita explorar con libertad y dar rienda suelta a su innato espíritu aventurero. En cualquier hogar corriente de nuestros días, esta intrepidez de los niños necesitará, sin duda alguna, ser con frecuencia refrenada, aunque, no obstante, deberíamos asegurarnos que sus primeros años de emocionante exploración no se echen a perder por la presencia de restricciones y peligros innecesarios. He tenido un buen número de clientes cuya autoconfianza sufrió un serio quebranto porque tuvieron accidentes (todos evitables) que les mutilaron o les imposibilitaron y que, además, dañaron su autoimagen. Me he tropezado con más personas incluso cuya autoestima fue gravemente deteriorada debido a que en sus tests de inteligencia figuraban términos como «chapuceros», «descuidados», «necios» o «estúpidos»; y todo porque:

— rompieron un costoso objeto que estaba en una estantería en un lugar tentador;
— arrojaron un importante papel a un fuego que estaba al descubierto;
— bebieron un líquido prohibido de una botella que no era a prueba de niños;
— cogieron el billetero del bolso abierto de mamá y lo perdieron;
— afeitaron al perro con la afeitadora de papá que estaba en un lugar accesible, e
— irrumpieron corriendo en la carretera desde un jardín que no estaba vallado.

Adoptar una postura ultraprotectora o estar continuamente gritando: «¡No, ahí no!», o bien: «¡No, eso no!», no sólo es cansado, sino que también da lugar a que nuestros hijos sean más inhibidos o temerosos de lo necesario.

Estímulo e independencia

Si son capaces y están preparados para ello, los niños necesitan un ambiente en el que les sea posible hacer por sí mismos cosas sin demasiada frustración. Muy pocos podemos costear unas habitaciones especialmente acondicionadas para niños con un mobiliario de baja altura, pero sí podemos los más de nosotros realizar pequeñas modificaciones que simplificarán grandemente el entorno de nuestros hijos y contribuirán a que sean más independientes. (Por ejemplo, perchas a baja altura para la ropa o en la ducha, armarios accesibles y cacharros irrompibles.)

Otro aspecto relacionado con este asunto puede ser, por supuesto, la situación geográfica de la casa. He conocido a mucha gente que creía que su desarrollo social se había visto obstaculizado porque la casa de su infancia estaba demasiado aislada o lejos de los amigos y de la escuela. Sobre todo cuando se van haciendo mayores, los niños necesitan un fácil acceso a los estímulos y a las amistades que se encuentran fuera de los estrechos confines del hogar familiar. Los niños que están aislados pueden sentirse diferentes y «apartados» y pueden asimismo resentirse de no tener demasiadas oportunidades para *poner en práctica* sus facultades sociales.

Estimulación

Aunque nuestra tarea como padres sea siempre la de darles un *hogar* y no una escuela, la seguridad en sí mismos de nuestros hijos se vería más impulsada si nos preocupásemos de disponer, por lo menos, una parte de la casa o del jardín de forma que encontraran facilidad para aprender y experimentar creativamente en función de sus talentos e intereses personales. Esto normalmente supone tener algún sitio donde, si lo desean, puedan hacer ruido y ser «desordenados» (¡a lo largo de todos los años de su pubertad!). Es normal que este sitio, además de un ordenador, esté atestado de juguetes, libros, revistas, instrumentos musicales y de otros cachivaches que facilitarán que nuestros hijos hagan sus «primeros pinitos» en lo que les gusta.

No sólo es importante que nuestros hijos encuentren estimulación en ciertas «zonas especiales», sino también en otras partes de la casa en donde suelan pasar algunos momentos. La sala de estar familiar puede ser amueblada de forma que todos los miembros de la casa se sientan cómodos y la utilicen para charlar, ojear un libro o una revista o jugar a algo, ¡y no para estar todos allí en silencio mirando la televisión! Estas zonas comunales constituyen la cuna del desarrollo de las habilidades sociales del niño y, desde luego, porque sé que las personas que las habitan son más a tener en cuenta que los enseres y accesorios que contienen, es importante que el ambiente que rodee al niño le haga sentirse *tenido en cuenta* y *relajado*, y no como un sucio y ruidoso intruso que es una amenaza para las mesas exquisitamente abrillantadas y para las valiosas alfombras persas. Incluso ahora, como personas completamente adultas, habréis experimentado ese sofocante efecto que —como a mí— os causa la simple entrada en ciertas habitaciones. Ésta es exactamente la sensación que muchos de mis clientes tienen cuando representamos algunas de las escenas vividas en las casas de su niñez.

Implicación personal

> *Mi hogar fue una bonita casa con un inmaculado y cuidado jardín, pero siempre fue la casa de mis padres. Nunca quise llevar a nadie a ella, así que dejé de ir a las casas de los demás. Me convertí en alguien muy solitario y tímido.*
>
> ASISTENTE A UN CURSO DE CREACIÓN DE AUTOCONFIANZA

Comparad esta experiencia, de ningún modo única, con esta otra del hijo de un amigo mío, quien, todo seguro de sí mismo, le preguntó hace poco a sus padres:

> *¿Que pasará, mamá, cuando yo cumpla dieciocho años: me iré yo de esta casa u os iréis vosotros?*
>
> TOM (diez años de edad)

A los hijos, por supuesto, no hay que darles adrede pie para que lleguen *erróneamente* a pensar que la casa de sus padres es —así sin más— de ellos, cuando está claro que no es así. Pero tampoco es bueno para el desarrollo de su autoconfianza que crezcan en un ambiente que les haga sentirse como huéspedes pasajeros no bien recibidos. Mientras los niños sean muy pequeños, creo que es muy importante que tengan el mismo sentido de pertenencia que evidentemente tenía Tom de la casa de sus padres.

Una forma para que los niños se sientan como en casa dentro de su ámbito familiar es alentarles gradualmente a que tomen parte en las decisiones que atañan a su entorno. Permitir que el niño ayude, por ejemplo, a escoger la decoración de vuestro hogar o que dé su opinión sobre la clase de casa que deberíais comprar o alquilar, puede asimismo fortalecer su autoestima, aumentar su autoconfianza sobre su propio gusto o desarrollar sus facultades negociadoras.

Hay, por descontado, algunas restricciones obvias (no sólo las financieras) para llevar a la práctica esta clase de filosofía; pero, no obstante, es importante tener en cuenta que la casa del niño es como si fuese una continuación de él. Y los niños, correcta o equivocadamente, a menudo se juzgan y son juzgados por ella. Si su casa tiene para ellos una consideración especial por haber contribuido a habilitarla, esto les ayudará a sentirse un poco más útiles y especiales.

Además de fortalecer su autoconfianza interna, una casa que resulte muy personal para un niño, será también una casa a la que le guste invitar a sus amigos y compartir con los visitantes, por lo que es probable que tenga muchas más oportunidades de desarrollar esas importantes aptitudes externas que engrasan los mecanismos de la hospitalidad y la amistad.

Intimidad

Si permitimos que los niños disfruten de un espacio privado, especialmente cuando se van haciendo mayores, contribuiremos también a reforzar su autorrespeto. No todos los niños, por supuesto, pueden (o quieren) tener una habitación para ellos solos, pero dudo que haya uno que no le vaya bien tener por lo menos un trozo de habitación que pueda considerar como suyo propio. A falta de esto, un cajón o un armario privado simbolizará para un niño, de forma muy concreta, la importancia de su propia personalidad.

Finalmente, hay que decir que, cualquiera que sea la forma que el entorno hogareño adquiera, hay que responsabilizar a los niños —hasta el nivel que ellos sean capaces de asumir— de su mantenimiento y conservación. No sólo tienen que aprender que cuidar el espacio habitable reporta una serie de beneficios higiénicos, económicos y organizativos, sino que además tienen necesidad de sentir esa sensación íntima de autovalía que acompaña a la satisfacción de cuidar nuestro entorno. No se me escapa lo difícil que es en el mundo real la observancia de normas y rutinas relacionadas con las faenas caseras; no obstante, antes de daros por vencidos, intentad las estrategias y consejos que se dan en el capítulo cuarto.

EJERCICIO:
COMPROBACIÓN DEL AMBIENTE HOGAREÑO

- Utilizando los epígrafes de este capítulo a modo de lista de comprobación, reflexionad sobre vuestras experiencias en casa cuando erais niños. ¿Tuvo el ambiente en el que vivisteis algún impacto en el desarrollo de vuestra autoconfianza?
- Anotad cualquier cosa que necesitéis hacer o añadir en vuestro actual hogar que:

    a) refuerce las condiciones de seguridad y prevención de accidentes;

    b) haga que su utilización les resulte «más acogedora» a vuestros hijos;

c) permita más espacio para prácticas y juegos creativos;

d) lo convierta en un ambiente más estimulante desde un punto de vista social e intelectual;

e) le dé un toque más personal para vuestros hijos, y

f) ofrezca más oportunidades para la intimidad.

Un ambiente suficientemente bueno empieza con un alto grado de adaptación a las necesidades personales de los niños.

D. W. WINNICOTT

Capítulo 4

Constitución de una buena familia

Culpo a la familia: siempre fue una extraña.

No me sorprende que se meta en su caparazón: se podía cortar con un cuchillo la atmósfera de tensión que había en esa familia.

¿Qué posibilidades tenía de sentirse triunfadora, creciendo en el seno de una familia tan competitiva?

Esa familia se cree que es superior a las demás. Esos pobres niños van a crecer de forma un tanto curiosa: los tienen encerrados y nunca les permiten salir fuera a jugar o a comprar algo. Incluso ir a nadar lo convierten en una gran gira familiar.

NINGUNA DE LAS ANTERIORES son observaciones psicológicas de carácter profesional: son comentarios que casualmente he oído en la calle o en el tren. Estos comentarios no son inusuales; de hecho, creo que una consumada fisgona como yo podría editar un libro con ellos en menos de una semana.

Si bien generalmente se acepta que la vida familiar puede tener un devastador efecto negativo en la autoconfianza interna y externa de los niños, ¿somos todos conscientes de las condiciones que deben existir para que dicha vida familiar tenga un efecto *positivo*?

La mayoría de nosotros llevamos impresa en nuestra mente una imagen bastante vaga de lo que es una «familia feliz»; imagen que está basada sobre todo en una amalgama de impresiones procedentes de nuestra experiencia personal y de lo que vemos en los medios de comunicación. Sin embargo, puesto que estamos luchando con las frustraciones y tensiones de la vida cotidiana, creo que es más útil tener una imagen clara del modelo de familia ideal que nos gustaría conformar. Esta imagen nos puede dar una estructura de elementos básicos que nos ayuden a determinar si estamos o no alcanzando nuestro propósito. Esto es importante porque la mayoría de la gente se vuelve particularmente ciega cuando se trata de señalar las debilidades de su propia familia. De hecho, alguien una vez definió a la familia como «los vínculos que ciegan». Una definición un tanto sarcástica si cabe; pero que en realidad nos hace recordar que a menudo no vemos la viga en el ojo de nuestra propia familia. El anhelo de ser unos padres perfectos y el subsiguiente sentimiento de culpa cuando vemos que nos quedamos cortos en comparación con el ideal, no hacen otra cosa que levantar nuestras defensas psicológicas y nublar nuestra objetividad.

Para un observador de fuera puede ser bastante difícil detectar las desavenencias. Virginia Satir, una renombrada terapeuta familiar, dice:

> *La vida familiar es como un iceberg: la mayoría de la gente sólo se percata de una décima parte de lo que está en realidad pasando. Esta décima parte es lo que la gente puede ver y oír, si bien a menudo ésta cree que eso es todo lo que pasa.*

Y, con respecto a la creación de autoconfianza en los niños, es, sin duda alguna, lo que está debajo de la punta del iceberg, lo que generalmente cuenta. Algunas de las familias más nefastas que he conocido daban la impresión por fuera de ser felices y perfectas en su funcionamiento. Era el «reglamento oculto» de estas familias lo que en realidad dañaba la autoestima de los hijos y lo que entorpecía el desarrollo de sus facultades sociales. He aquí algunos ejemplos que podéis fácilmente contrastar mediante vuestras propias observaciones:

— Decir: «Queremos a todos nuestros hijos y los tratamos a todos por igual», cuando de hecho se está inconscientemente consintiendo que uno de ellos se convierta en el chivo expiatorio de la familia (es la niña que tiene los accidentes, la que suele ponerse enferma o la que se mete en líos con demasiada frecuencia).

— Proclamar que «forman una familia muy liberal y de ningún

modo sexista, ya que estimulan a las chicas a estudiar ciencias y a los chicos a lavar», cuando la realidad es que estas chicas son recompensadas con más atenciones y lisonjas si muestran comportamientos tradicionalmente «femeninos», esto es, ser «educadas y buenas» y permitir que el padre retenga todo el poder posible.

— Y decir: «Lo que cuenta es la felicidad: siempre que nuestros hijos sean felices, no nos importa qué carrera o trabajo hagan o con quién se casen», cuando para ellos (los padres) es un gran orgullo que se siga la tradición familiar y que en cada generación haya un doctor o alguien que se haga cargo de los negocios de la familia. Y, desde luego, el reglamento oculto saldrá inexorablemente a la luz del día, cuando los niños empiecen a traer a casa «amigos no recomendables».

Por consiguiente, no basta con parecer una familia feliz, bien intencionada y entusiasta. Si queremos estar seguros de que nuestra vida familiar no está sutilmente minando el desarrollo de la autoconfianza de nuestros hijos necesitamos, de vez en cuando, hacer una evaluación más *objetiva* de nuestro funcionamiento como unidad. Podéis comenzar por abandonar durante unos instantes el círculo emocional de vuestras respectivas familias y analizar las cuestiones que más adelante se plantean.

Sería muy conveniente que pudierais compartir vuestras ideas con otros miembros de la familia o con alguien que la conozca bien. Si tenéis un compañero que comparta con vosotros las tareas de la crianza y educación de los hijos, podríais muy bien leer juntos esta sección y realizar el ejercicio expuesto al final del capítulo.

1. Objetivos y metas: ¿compartidos y explícitos?

Todos sabemos que durante este siglo el papel de la familia ha experimentado un cambio radical en la sociedad occidental. De hecho, la palabra «familia» como tal no suele ya utilizarse para definir solamente a ese grupo de gente unida por lazos de sangre, matrimonio o adopción; también se usa para describir a una gran variedad de pequeños grupos de personas que viven toda la vida juntas sin que intervengan los genes o un contrato jurídico.

Una de las consecuencias de vivir en una época donde el «concepto de familia» sufre rápidos cambios es que muchos padres no tienen claro cuáles son los objetivos y los propósitos de su «vida familiar» y, como resultado de esto, sus hijos sufrirán las consecuencias de vivir sumidos en una atmósfera de confusión.

Los objetivos de las familias pueden variar enormemente; por ejemplo: el objetivo de unas familias puede ser simplemente proporcionar techo y comida a sus miembros hasta que éstos sean capaces de procurárselos ellos mismos; mientras que otras tendrán como objetivos prioritarios la guía y la salvaguarda moral. En lo que concierne a la confianza en sí mismos de los hijos, lo importante es que estos objetivos sean *honesta* y *abiertamente* reconocidos y que haya una base firme de *acuerdo* sobre los más relevantes por parte de *otras figuras* que ejerzan una función próxima a la de los padres y que pudieran estar implicadas (abuelos y niñeras, entre otros).

Es también importante que cualquier objetivo que establezcáis juntos sea realista. Las metas excesivamente ambiciosas, aunque valgan la pena, pueden dar paso a sentimientos de poca autoestima, culpabilidad e ineptitud. Aquí tenéis algunos ejemplos que os serán familiares.

- *Objetivo A.*—Crear un fuerte vínculo de amor, amistad y lealtad entre los miembros de la familia de modo que puedan apoyarse entre sí durante el resto de sus días tanto en la fortuna como en la adversidad. (Meta a todas luces utópica, ya que cada miembro de la familia tiene su propia personalidad, la cual, comparada con las de los otros miembros, puede o no estar en su misma longitud de onda temperamental, ética o intelectual.)
- *Objetivo B.*—Tener hijos que con el tiempo se conviertan en unos adultos con carreras «prometedoras». (Objetivo no realista por el solo hecho de que podría haber desacuerdo en lo que se entiende por «carrera prometedora», o porque el país podría verse envuelto en una recesión que hiciese difícil encontrar un trabajo.)
- *Objetivo C.*—Conseguir que todos los hijos toquen un instrumento musical. (Objetivo quizá falto de realismo si los hijos

salen con un desastroso oído musical, si el profesor de violín es un incompetente o si se considera a éste como algo superfluo.)

Es importante, por último, tener cuidado con los imponderables que puedan dar al traste con los objetivos que hayáis establecido y que son difíciles de admitir incluso por vosotros mismos. Ejemplos corrientes de esto los tenemos en:

— Querer una familia que esté equilibrada en cuanto al género. (Mala cosa para el miembro de la familia que nazca con un sexo distinto al deseado.)

— Formar la familia ideal y feliz que sea la prueba viviente (para tus suegros, hermanos, cuñados, etc.) de que eres una madre o un padre mucho mejor de lo que son o fueron ellas o ellos. (Esto puede ser duro para esos hijos a los que se les pide que se comporten como personas que realmente no son delante de determinada gente.)

2. Valores: ¿compartidos o en conflicto?

La confianza en sí mismos de muchos niños sufre alteraciones simplemente porque están confusos en lo que respecta a los valores

familiares. Por ejemplo, pueden hacer algo que piensan que complacerá a sus padres y, sin embargo, sentirse muy heridos y tristes cuando ven que ese algo produce una inesperada reacción negativa por parte de ellos.

Al igual que los objetivos, los valores básicos de cada miembro de la familia deberían ser expuestos y reconocidos de forma abierta; no se trata tan sólo de que los hijos tengan una idea clara de lo que está «bien» o de lo que está «mal» (recordad los cimientos de la autoconfianza interna tratados en el capítulo primero), sino también de que las normas familiares —cuando sea necesario— puedan ser fácilmente identificadas, puestas en tela de juicio y renegociadas. Esto se convierte en algo verdaderamente importante cuando los niños comienzan a apreciar valores alternativos en otras familias y es *vital* cuando en la adolescencia empiezan a poner a prueba sus propios valores personales.

Aunque los valores de la familia se enseñan esencialmente mediante el ejemplo, es también importante que sean de vez en cuando debatidos y explicados a los niños de forma que ellos puedan comprenderlos. La «honestidad», por ejemplo, podría tener un significado obvio para un adulto; sin embargo, no es concepto que esté perfectamente claro para una niña o un niño que vive en un mundo hipócrita y que constantemente ve a los miembros de su familia tapándose unos a otros con pequeñas mentiras como ésta: «Anda, sé bueno y dile que no estoy en casa.»

3. Normas: ¿comúnmente aceptadas y explicitadas?

Toda familia necesita al menos un número mínimo de reglas, aunque sólo sea para que sus miembros puedan vivir tranquilos y en armonía bajo un mismo techo. Los que siguen son los principales problemas de las normas familiares en conexión con la autoconfianza de los niños:

— Por regla general, los niños conocen por vez primera la existencia de una regla cuando la incumplen sin saberlo. (Por ejemplo, la regla familiar no escrita de que «todo el mundo mayor de cinco años tiene que limpiar su sitio cuando derrama una bebida», la escucha el niño por primera vez cuando alguien le pregunta con enfado: «¿Por qué no has secado todavía toda esa porquería?»)

— No es raro que los niños se encuentren en medio del fuego cruzado de dos normas familiares contradictorias. A veces, si el desacuerdo sobre las «reglas» es la causa de que surja un conflicto entre los padres, entonces puede que incluso los niños resulten todavía más dañados emocionalmente, ya que (correcta o erróneamente) pueden sentir que sus necesidades (¡y también las reglas familiares!) tienen menos prioridad que el interés de sus padres en zanjar la discusión quedando uno por encima del otro.

4. Papeles y responsabilidades: ¿claros y justos?

Todo grupo social, cualquiera que sea su tamaño, debe establecer pautas de autoridad y delegar poder, jerarquía y responsabilidades en sus miembros.

STANLEY COPPERSMITH

Al igual que está cambiando dentro de la sociedad el papel general de la familia, también están cambiando los papeles de sus miembros con respecto a su funcionamiento diario. Insistimos en que estos papeles o funciones variarán dentro de cada familia y puede que, además, cambien frecuentemente de acuerdo con las necesidades de desarrollo y las cualidades que la misma tenga.

Se evitarían muchas fricciones anímicamente nocivas si se negociaran abierta y regularmente estas funciones y responsabilidades. Los órganos asesores de parejas ponen frecuentemente de relieve que hombres y mujeres abrigan en sus mentes percepciones y expectativas muy diferentes en relación con el papel y las responsabilidades de los llamados «nuevos hombres» y «mujeres liberadas». Cuando inevitablemente afloran a la superficie sentimientos de desengaño y cólera, normalmente son los niños los primeros que sufren. En primer lugar, pueden ser utilizados inconscientemente como instrumentos de «venganza». («Puede que no sea la esposa moderna "perfecta", pero te aseguro que puedo ser una madre intachable, ¡fíjate y verás!») En segundo lugar, porque tienen tan poco poder y están tan desvalidos, que muchas veces se convierten en inocentes blancos cuando la cólera y la frustración contenidas buscan un desahogo.

Las mismas fuentes nos indican que los padres y los hijos abrigan a menudo en sus mentes expectativas dispares en cuanto al papel que representan los segundos dentro de la familia. («Los hijos mayores deben siempre proteger y ayudar a los más pequeños», en contradicción a: «Nunca los hijos deben realizar para sus hermanos tareas propias de los padres o las madres.»)

Dejar que las cosas se arreglen por sí mismas no es, por supuesto, la única alternativa para que el sexo o la edad determinen cómo habrían de distribuirse la autoridad y la responsabilidad entre los miembros de la familia. Como pasa en muchas empresas vanguardistas y equipos modernos de trabajo, *podemos* inclinarnos por negociar democráticamente, para cada miembro de la familia, una «descripción de tareas» que sea adecuada y justa, y que tome en consideración las fuerzas, debilidades, edad y capacidades del interesado. Pero, dado que los niños del «equipo familiar» se desarrollan y cambian tan rápidamente, no debemos olvidarnos de revisar y actualizar con la debida frecuencia las «descripciones de tareas». (Me imagino que los padres perfectos no oirán nunca decir a una hija: «¡No os habéis dado cuenta de que ya no soy una niña!»)

5.   Comunicación: ¿efectiva y suficiente?

Ya de entrada, por contener las familias una mezcla de generaciones, la comunicación casi inevitablemente representa un problema. Es natural, además, que en aquellas en las que también exista una mezcla de géneros, estas dificultades se agudicen.

Otro importante problema que hemos observado es que, cuando nos desenvolvemos en el seno de nuestras familias, solemos actuar con el piloto automático puesto, por lo que podría darse la circunstancia de que no tengamos —aunque podamos pensar que sí— un completo control de las señales que estamos emitiendo.

Es, por tanto, extremadamente importante comprobar con regularidad que los mensajes entre los miembros de nuestra familia son correctamente captados. (A mi entender —aunque sea de una frustrante dificultad—, ésta es una de las más importantes responsabilidades que tiene la crianza y educación de los hijos.) Insistamos una vez más: cada familia, así como cada uno de sus miembros, tendrán una forma peculiar de comunicarse.

Algunos utilizarán una gran cantidad de palabras para transmitirse los mensajes, habrá otros que emplearán con profusión las señales corporales, unos terceros se basarán sobre todo en las acciones y no faltarán algunos que incluso recurran a la palabra escrita. Si tanto el remitente como el destinatario comprenden el mensaje, ningún método es de por sí mejor o peor que otro.

Con respecto al acrecentamiento de la autoconfianza en los hijos, existen determinadas preguntas referidas a la comunicación familiar que sería conveniente que os hicieseis.

a) ¿Comprobamos con regularidad si los mensajes son captados y comprendidos? (Podríais comprobarlo pidiendo a los del «extremo receptor», particularmente a los niños, que os repitan con sus propias palabras lo que acaba de decirse.)

b) ¿Dedicamos suficiente *tiempo* a tener entre nosotros charlas informales y discusiones distendidas e ininterrumpidas, o hemos caído en el hábito de hablarnos sólo cuando nos cruzamos en las escaleras o cuando en la televisión están dando anuncios?

c) ¿Son algunos de los niños abusivamente empleados como mensajeros o incluso como correveidile dentro de la familia?

d) ¿Prestamos igual atención tanto a los mensajes verbales como a los no verbales? Esto es particularmente importante dentro de nuestras familias, porque, cuanto más íntimamente nos conocemos, más inclinados nos sentimos a utilizar la comunicación no verbal y a establecer una serie de pistas y claves no verbales —y de carácter especial— que sólo un adulto perteneciente a la familia, o cercano a ella, podría interpretar. De este modo, algunas acciones cotidianas podrían tener un significado oculto sólo comprensible para los miembros de la unidad familiar. (Por ejemplo: llevarme una taza de té al dormitorio podría significar que «estoy harta y quiero estar sola». Si no acudo a una boda, podría dar a entender que «no estoy de acuerdo con esa boda». Regalar flores podría indicar que «tengo remordimientos de conciencia».) Por otro lado, los adultos que estén acostumbrados a transmitir todos los mensajes importantes por medio de la palabra podrían muy bien pasar por alto los mensajes que sus relativamente ininteligibles hijos tratarán de hacerles llegar a través de expresiones faciales, de ciertos comportamientos e incluso del juego.

e) ¿Tenemos normalmente disponibles «un tiempo y un espacio» para cuando se tengan que discutir con entera libertad problemas y asuntos que afecten a toda la familia y sea, por tanto, muy probable que todos estén presentes? (A menudo se aprovecha para esto una determinada comida; pero tened mucho cuidado de no darle demasiada formalidad a la discusión, ya que algunas comidas familiares pueden ser bastante estresantes para los niños.)

f) ¿Informa todo el mundo a los demás acerca de sus planes diarios? (La información sobre quién viene o quién no viene a comer, quién necesita que lo lleven en coche, etc., puede quedar registrada en una especie de diario o agenda familiar.)

g) ¿Se recurre demasiado a la «lectura del pensamiento»? («Pensé que te gustaría...», «No parecías muy entusiasmada, así que...») Dentro del mito de la «familia feliz» parece que se esconde la creencia de que si realmente queremos a alguien, debemos ser capaces de adivinar lo que ese alguien quiere o siente. Muchas personas me han contado lo difícil que de niños fue esto para ellas, ya que temían no llegar a ser esos estupendos adivinadores del pensamiento que esperaban que fuesen.

h) ¿Nos estamos dando unos a otros suficiente información positiva acerca de lo que hemos hecho o dejado de hacer? (Véase el capítulo sexto.)

i) ¿Estamos promoviendo entre nosotros una información negativa honesta y directa? (Véase el capítulo sexto.)

j) ¿Mostramos respeto hacia el estilo y el método de comunicación que tienen los demás?

Aun cuando la mayoría de las familias desarrollan un estilo común de comunicación, casi todas ellas necesitan hacer algunas concesiones en favor de la personalidad, el sexo y la edad. Por ejemplo, he conocido a un cierto número de niños cuya autoconfianza fue minada, al ser ridiculizados o reprendidos por usar la forma de hablar local o la de la escuela, en vez de utilizar la de la familia.

k) ¿Resolvemos nuestras diferencias de forma franca y asertiva, o barremos nuestros sentimientos negativos para meterlos debajo de la alfombra?

Otra idea equivocada acerca de la «familia feliz» es que las controversias son funestas, sobre todo para los niños. Estoy convencida de que las disputas constituyen una parte *esencial* e inevitable de la vida familiar. Es más, proporcionan una inocua oportunidad para que los niños experimenten diversos modos de defender sus derechos, creencias y necesidades.

En el capítulo decimotercero analizaremos algunos métodos para manejar conflictos cuando hay niños involucrados; pero, de momento, basta con que solamente recordemos que, viendo cómo las personas que quieren resuelven sus diferencias, los niños aprenden respuestas y actitudes básicas ante los conflictos. En el seno de la familia, y a través de la observación y la experiencia, los niños pueden asimismo aprender que no es sólo «ganar» lo que le da a uno confianza en sí mismo, sino también una fructífera negociación y un satisfactorio compromiso mutuo.

6. El mundo exterior: ¿tenemos suficientes contactos con él?

Debido a que en la actualidad muchos padres trabajan y llevan una vida muy ajetreada y estresada, el hogar se convierte en muchos casos en un «santuario» de retiro que ellos desean por todos los medios preservar. Los hijos, por otra parte, necesitan disponer de una familia que no se aísle de ese mundo al que se espera que ellos accedan cuando sean mayores.

Preguntaos si vuestra familia:

— está conformando un buen modelo de cómo hay que vivir integrados y en cooperación con la comunidad local;
— está desempeñando un papel *significativo* en la configuración de ese mundo más amplio que la rodea y que no actúa sólo como una pieza inerte más de una maquinaria que funciona desordenadamente alrededor de ella;

— está haciendo los suficientes honores a una amplia variedad de visitantes; y
— está pasando junta el suficiente tiempo *fuera* de sus cuatro paredes.

EJERCICIO
COMPROBACIÓN DEL AMBIENTE FAMILIAR

Lo ideal es que este ejercicio lo hagáis en compañía de vuestra pareja, si tenéis una; por tanto, ha sido escrito asumiendo que lo haréis en colaboración. Si vuestra pareja no se aviene a ello o carecéis de ella, haced entonces el ejercicio por vuestra cuenta, aunque conviene que comentéis los resultados con alguien.

Antes de realizar cada una de las tareas sería de ayuda que releyerais las correspondientes secciones anteriores.

- Cada uno de vosotros tenéis que hacer una lista que contenga los tres objetivos más importantes de la familia.
- Comparad estos objetivos y, después de tener una discusión sobre ellos, preparad una lista conjunta.
- Preguntaos si estos objetivos y metas:

1. son realistas y justos;
2. han sido sinceramente reconocidos por todos y no están inmersos en un *mare mágnum* de volátiles intenciones, y
3. han sido comunicados a todas las personas interesadas, tales como otros parientes allegados e hijos mayores.

- Repetid el ejercicio, pero esta vez centrándolo en vuestros valores.
- Haced una lista de las normas familiares y, si sus edades lo permiten, discutidlas con vuestros hijos, dándoles la oportunidad de cuestionarlas y de colaborar en la revisión de las mismas.
- Redactad una breve descripción de los papeles y responsabilidades de cada uno dentro de la esfera familiar. Compartid esta redacción con vuestros hijos, si tuviesen edad para ello.

- Acordad tres cambios que os gustaría hacer y que podrían mejorar vuestra comunicación familiar.
- Preguntaos si hay algo más que os agradaría hacer para incrementar la implicación de vuestra familia con el mundo exterior (bien con la inmediata comunidad o con el mundo en general).

Por último, procurad de no tomaros demasiado en serio todo esto; antes que nada, la familia debe ser un grupo alegre, cariñoso y relajado; un grupo al que los hijos que empiecen a batir sus alas no tengan inconveniente en volver para recibir apoyo y pasar un rato divertido.

> *Estaríamos más a salvo*
> *de las tretas de los extraños,*
> *si con parientes y amigos*
> *pasáramos más buenos ratos* *

OGDEN NASH

---

* Dado que —respetando su fondo conceptual— he hecho una traducción libre de los versos, transcribo a continuación su texto original: «One would be in less danger / From the wiles of a stranger / If one's own kin and kith / Were more fun to be with.» (N. del T.)

PARTE II

Asentar los cimientos de la autoconfianza interna

Capítulo 5

Haced que vuestros hijos se estimen a sí mismos

OMENCEMOS recordando los cuatro pilares en los que se asienta la autoconfianza:

- autoestima,
- autoconocimiento,
- metas claras y
- forma de pensar positiva.

Cada una de estas cualidades puede ser alimentada o sustancialmente debilitada por nuestras actitudes como padres. En este capítulo veremos diversos métodos prácticos sobre cómo utilizar nuestro poder e influencia para ayudar a nuestros hijos a sentirse no sólo satisfechos de sí mismos, sino también optimistas acerca de lo que el mundo pueda depararles.

Cada uno de estos aspectos será analizado a su debido tiempo en los cuatro próximos capítulos, si bien a lo largo de este proceso seguramente notaréis que hay muchas áreas que se superponen unas a otras. Esto, naturalmente, significa que cuando actuemos en una determinada área, es muy probable que al mismo tiempo estemos produciendo un efecto fortalecedor en otras.

Espero que esta advertencia os haga trabajar en esto paso a paso y con mesura y que, además, os quite de la cabeza hacerlo todo enseguida. Yo os sugeriría, por ejemplo, que cada semana os centréis en trabajar y analizar una de estas cuatro áreas fundamentales, volviendo a ellas cada vez que lo necesitéis. Estos cimientos son para que duren toda la vida y, por consiguiente, tienen que estar construidos con materiales psicológicos fuertes y estables.

En este capítulo estudiaremos las distintas formas en las que podéis estimular a vuestros hijos a fin de que tengan un profundo y perenne sentido de su propia valía. Esto significa que no sólo se sentirán bien interiormente, sino que, además, mostrarán consideración y respeto hacia ellos mismos tratándose tan bien como tratarían a cualquiera que contara con su aprecio.

Por nuestras observaciones sabemos que el ejemplo es la forma más eficaz de hacer que nuestros hijos se estimen a sí mismos. La segunda forma en eficacia es andar los pasos necesarios para asegurarnos, por una parte, que producimos autoestima de una *manera activa* y, por otra, que no entorpecemos el natural crecimiento de ésta. Esta preciada cualidad psicológica es quizá el ingrediente más esencial de la autoconfianza interna; ya que no sólo hace que los niños se sientan satisfechos consigo mismos, sino que casi con toda certeza pone a su alcance más oportunidades de sacarle el mejor partido posible a su potencial, ayudándolos, además, a soportar el estrés.

A menudo la prensa nos ofrece noticias de cómo los niños se desmoronan bajo la presión de los exámenes y de cómo tienen que trabajar a tope los psicólogos, los pedagogos y los responsables de los centros educativos. Comentando recientemente este fenómeno, el encargado de bienestar de la Universidad de Oxford dijo: «La gente que mejor se enfrenta con algo es aquella que tiene un fuerte sentido de su valía personal.» Así que, en vez de iniciar interminables y exhaustivas batallas sobre deberes escolares no terminados y repasos inadecuados, muchos padres podrían ser quizá de mayor ayuda si se esforzaran en hacer que sus hijos desarrollen y mantengan este sentido de la propia valía.

Lo que podéis hacer para crear autoestima en vuestros hijos

Es el sentimiento del niño sobre si es o no querido, lo que afecta a la forma en que se producirá su desarrollo. (La redonda es mía.)

DOROTHY BRIGGS, *Your Child's Self-Esteem: The Key to His live*

Decidles que los queréis

Hoy en día, la creencia común es que los niños aprenden primera y principalmente a quererse a sí mismos a través de la *experiencia* de ser queridos y apreciados por sus padres. Cualquier terapeuta conoce a una pequeña minoría de gente que desgraciadamente ha nacido de unos padres que, por diversas razones, no fueron capaces de darles ese preciado don psicológico que es el cariño. Aunque, con mucha más frecuencia, oímos comentarios como éstos:

> Hasta los treinta y cinco años no supe que mi padre me apreciaba y fue mi hermana la que me lo dijo.

> Supongo que mamá debe de habernos querido porque siempre hizo muchas cosas por nosotros; pero no puedo decirlo con certeza, ya que ella nunca dijo que nos quería.

Y, aunque he escuchado miles de estas confidencias, cada vez que escucho una nueva me veo agitada por fuertes sentimientos de pena. Oportunidades perdidas como éstas, por tan frecuentes, no son menos dolorosas y, claro está, las pérdidas sentimentales que estas personas sufrieron fueron de todo punto innecesarias. Después de todo, estos padres querían a sus hijos; pero, debido a que ellos no comunicaron sus sentimientos, gran parte de su poder de creación de autoconfianza fue lamentablemente desperdiciada.

De aquí que no sea suficiente —por muy profundo, perdurable y puro que creamos que es— sentir cariño por nuestros hijos: tenemos que *expresar este amor clara y frecuentemente*. No debemos nunca presuponer que nuestros hijos pueden leer nuestros corazones.

Cuando estemos exteriorizando nuestro cariño, tengamos en cuenta que los niños comprenderán y aceptarán mejor nuestros mensajes, si utilizamos un lenguaje que sea:

1. **Directo.**—Por ejemplo: «Te quiero», en lugar de: «Mami te quiere.»

2. **Apropiado.**—Esto es, un estilo de comunicación que sea cómodo para vosotros y haga concesiones a la edad y personalidad de vues-

tro hijo. Podemos, de hecho, dañar la autoestima de un niño si nuestro mensaje crea una situación embarazosa, bien para él o bien para nosotros. Ciertos adultos y algunos niños (especialmente cuando éstos se hacen mayores) puede que prefieran exteriorizar su cariño de forma privada e incluso por medio de la escritura.

Explicadles por qué os gustan

Aunque a todos nos agrada escuchar apreciaciones sobre nosotros mismos que nos den idea de lo «maravillosos», «agradables» o «especiales» que somos, ¿no sentimos un destello todavía mayor de orgullo y satisfacción cuando dichas apreciaciones van apoyadas con razones específicas que explican por qué la gente piensa que somos tan brillantes?

Así que, cuando reconozcáis los méritos de vuestros hijos, tratad siempre de utilizar ejemplos *específicos* de las cualidades que os gustan y admiráis. (Por ejemplo: «Me encanta tu sentido del humor», «Me gusta que adviertas enseguida cuándo alguien está triste o desilusionado», o «Admiro de verdad tu creatividad».)

*Recalcad la naturaleza incondicional de vuestro
cariño y desvelo*

Esto, por regla general, significa decirle al niño con toda claridad
que siempre lo querréis, aun cuando a veces estéis enfadados con él,
bien porque no os gusten ciertas formas de su comportamiento o bien
porque estéis más cansados que de costumbre. Significa también cuidar de que el niño no tenga la impresión de que vuestra solicitud y
cariño están condicionados por algo. Muchos niños llegan a pensar sinceramente —aunque sus suposiciones estén muy alejadas de la realidad— que el cariño de sus padres desaparecerá si no sacan en los
exámenes seis sobresalientes o si no llegan a ser capitanes del equipo
de natación.

Hace pocos años me enteré por mí misma de lo fácil que es caer
en un malentendido de esta clase. Cuando nuestra familia se mudó de
casa, y para que mi hija mayor de diecisiete años pudiese terminar sus
estudios en la misma escuela, le alquilamos un piso por un año.
Durante los dos primeros meses noté que había entre nosotras un
malestar y una tensión que no habían existido antes; además, veía que
no eran bien acogidos mis esfuerzos para que se sintiera apoyada y ani-
mada. En principio supuse que esto se debía a que se sentía rechazada
o estaba temerosa de algo; pero no, no era nada de esto, según se puso
en evidencia a lo largo de una desagradable trifulca. Lo que en realidad pasaba era que se le había metido en la cabeza la descabellada idea
de que yo dejaría de costearle el piso si no daba muestras continuas de
una total madurez y de un perfecto dominio de las faenas domésticas.
Estaba tan horrorizada, que le hice una declaración escrita y firmada
asegurándole que (¡viva o muerta!) le seguiría pagando el piso hasta
que completara su educación.

Aunque en verdad hubiese preferido no haber llegado nunca a ese
malentendido, me alegré de que mi hija hubiese sido finalmente capaz
de destapar sus temores, puesto que de esta forma pudimos encontrar
una solución relativamente pronto. No obstante, el padre o la madre
ideal no hubiese, por supuesto, esperado a que fuese el hijo quien des-
hiciera el equívoco, ya que, en primer lugar, habría evitado que su-
cediese.

Dad a conocer la influencia positiva
que los hijos han tenido en vuestra vida

Fijaos el propósito de hacerles saber a vuestros hijos el importante paso hacia adelante que en vuestras vidas supuso —cualitativamente hablando— su venida al mundo. Si queréis también hacerles partícipes de los problemas y disgustos que su existencia os da, tratad siempre de equilibrar la cosa con alguna observación positiva que les dé a entender que *por ellos* vale la pena tener cualquier contrariedad. He conocido a muchas personas que pasaron su infancia interiormente obsesionadas por la idea de los dolores que causaron a su madre al nacer, por la carga que supusieron para el presupuesto familiar o por las preocupaciones que añadieron a las que ya tenía su sobreestresado padre.

Así que no mantengáis en secreto si, por ejemplo, vuestros hijos han hecho que veáis el mundo con nuevos y más ilusionados ojos, o que os han hecho sentir lo que es un amor mutuo y profundo, cosa que valoráis por encima de todo. Necesitan que se les diga que por ellos vale la pena cualquier sacrificio.

Poneos a su nivel con regularidad

Es importante hacer esto tanto física como intelectualmente. Aunque la mayoría de la gente sabe que para hablar a un niño debe ponerse en cuclillas en vez de doblar el cuerpo, preguntaos honestamente si hacéis esto con la suficiente frecuencia. Es especialmente importante hacerlo cuando vuestro hijo pueda sentir cierta aprensión por lo que estáis diciéndole; pero, también es bueno practicar esto cuando os estéis sólo divirtiendo. Alterando vuestra posición física, estáis enviando a vuestro hijo el contundente mensaje de que os ponéis en su lugar y que merece toda vuestra consideración.

Es igualmente importante hacer algunas concesiones para ponernos al nivel intelectual al que operan los niños. Esto no quiere decir que tengáis que aprender un lenguaje diferente para cada etapa del desarrollo de los niños, sino sencillamente que tratéis de no bombardearlos con jerga y conceptos propios de adultos hasta que no tengan la capacidad intelectual para asimilarlos. Si no estáis seguros de qué clase de lenguaje cuadra mejor a su edad, ¿por qué no hacéis un esfuerzo adicional para enteraros de algunos de los programas de televisión que ellos normalmente ven o de los libros que prefieren, al mismo tiempo que os fijáis en los estilos de comunicación que los «expertos» han utilizado en ellos? (También podría ser de ayuda echar una mirada a la tabla que, sobre las distintas etapas del desarrollo del niño, se inserta en la página 27.) No olvidéis que, de vez en cuando, también podéis comprobar si os han entendido bien con sólo pedirles que repitan lo que acabáis de decir.

Promoved la vida sana y la buena forma física

He comprobado que uno de los modos más efectivos de elevar la autoestima de los adultos cuando ésta flojea es sugerirles que lleven una vida sana y que cuiden de su forma física. En principio, es muy corriente que esta sugerencia sea recibida con cierta extrañeza: «¿Qué quiere usted decir?» La sola idea de iniciar un programa de actividades específicamente diseñadas para ayudarles a que se sientan satisfechos consigo mismos es extraña para ellos, y es así porque siendo niños no se les enseñó directamente o mediante el ejemplo a cuidar de sí mismos. Como resultado de esto, han adquirido muchos hábitos que en esencia son destructivos, aunque sólo sea por omisión (por ejemplo, irse a la cama generalmente tarde, comer alimentos no aconsejables, no hacer suficiente ejercicio, no descansar durante un tiempo después de haber tenido una experiencia estresante o agotadora, etc.). Es necesario, pues, que enseñemos cuanto antes a nuestros hijos lo importante que es *demostrarse* cariño a uno mismo cuidando, por un lado, tanto el cuerpo como la mente y, por otro, no dejando que los malos hábitos se apoderen de nosotros, ya que esto, en última instancia, podría destruir el respeto que nos debemos a nosotros mismos.

Reprimid el autoinsulto

Cuando vuestros hijos empiecen a maltratar su propia autoestima (cosa que desgraciada e inevitablemente —por la cultura en la que están inmersos— harán a una edad temprana), podéis con tiento hacer referencia al autoinsulto en concreto y quizá proponerles una forma de expresar sus sentimientos con otras palabras. Por ejemplo:

> Tu hija: *¡Qué estúpida soy, mira lo que he...!*
> Tú: *No te llames estúpida, porque no lo eres. ¿A que no?*
> *En vez de llamarte eso, podrías decir:* «*¡Estoy harta, mira lo que he...!*»

Dejaos ayudar permitiendo que vuestros hijos muestren sus habilidades

Como sabe todo aquel que haya estado sin trabajo o incapacitado durante algún tiempo, el sentir que podemos ser útiles a los demás —particularmente a aquellos que nos importan— es algo esencial para la autoestima. Puede ser útil tener en cuenta este hecho cuando estéis tentados de rechazar o de no pedir la ayuda de vuestros hijos, bien porque sea más rápido hacer lo que sea vosotros mismos, o bien porque no queráis interrumpir un «juego divertido» o ser una «carga» para ellos.

Aunque los niños tendrán que aprender que en la vida existen muchos trabajos aburridos y desagradables, vale la pena, sin embargo, que tratemos de encontrar unas tareas adicionales que sean para cada niño en particular una ocasión especialmente satisfactoria de servir de ayuda. El concepto de nuestra propia valía recibiría aún un impulso más grande si en la acción de prestar ayuda podemos utilizar nuestras particulares habilidades o si, para dicha acción, se ha contado con ellas. Podríais, por ejemplo, pedir a un hijo con facultades artísticas que decorase una mesa o que ayudara a rediseñar una habitación, y a uno con mente lógica, que contara vuestro cambio, que reorganizara un armario o que compusiera una lista de turnos para alguna actividad familiar.

Demostrad vuestra confianza no interviniendo

Permitid que vuestros hijos coronen ellos mismos una tarea o actividad sin que vosotros intervengáis para nada; ya estén construyendo un castillo de arena, ya solucionando un problema matemático. Dejar que los hijos se las compongan por sí mismos es un importante modo no verbal de comunicar vuestro respeto hacia ellos. Algunos padres se apresuran a prestar una ayuda innecesaria a sus hijos cuando los ven luchando por hacer algo o haciéndolo mal, con lo cual vapulean inintencionadamente el concepto que éstos tienen de su propia valía. Por tanto, antes de prestar ayuda o dar consejo, conviene que os preguntéis si en realidad lo necesitan, o si sería mejor para el desarrollo de su autoestima que empiecen a tener orgullo del limitado potencial que *en esos momentos* poseen. Tratad de inculcar en vuestra mente que los niños, al igual que los adultos, se sienten más orgullosos encontrando por ellos mismos la forma de hacer algo (muchas veces a través de un proceso jalonado de errores), que no que haya alguien que les enseñe la técnica o el arte de hacerlo.

De igual modo, cuando un niño os esté hablando sobre un problema o algo que le preocupa, podéis transmitirle vuestra comprensión con sólo *escucharle* exponer sus sentimientos, dudas y dilemas. Si os apresuráis a darle ánimos («Te sentirás mejor mañana...»), o un consejo innecesario («Lo que debes hacer es...»), entonces lo que sin querer estáis transmitiendo al niño es que él no se encuentra bien. A veces le será más reconfortante que respondáis sencillamente con un *abrazo silencioso*. Como alternativa, podéis usar las técnicas de escucha activa, otro importante instrumento social que veremos en el capítulo noveno.

Demostrad que os importan vuestros hijos siendo generosos con vuestro «tiempo de calidad»

«Tiempo de calidad» es la expresión que ahora generalmente se usa para referirse a aquellos períodos de tiempo en los que *toda* nuestra atención está dedicada a las necesidades psicológicas, emocionales e intelectuales de nuestros hijos (en contraposición a los períodos que dedicamos al cuidado de sus necesidades físicas básicas). Si tenéis hijos muy pequeños que exigen grandes cantidades de vuestro tiempo a fin de proporcionarles comida sana, pañales limpios y una casa higiénica y cómoda y, por si fuera poco, tenéis un trabajo que exige mucha dedicación, entonces presumo que estaréis en muy mala situación de poder disponer de este tipo de tiempo. No obstante, aunque sólo sea para momentos muy cortos, tratad regular e ineludiblemente de hacer un hueco en vuestra agenda diaria para llenarlo con tiempo de calidad, ya que estáis ante una de las herramientas más poderosas para afianzar en vuestros hijos el sentido de su propia valía.

Hacedles saber de forma clara a vuestros hijos que estos momentos son un tiempo especial y muy precioso que vosotros les dedicáis, aunque no sean lo largos que ellos y vosotros desearíais que fuesen. Si deseáis realizar con ellos una determinada actividad, cuidad de que sea una de su agrado o que tengan interés en ella. Dentro de unos límites razonables, permitidles que sean ellos los que decidan el modo de pasar este tiempo.

De acuerdo con mi experiencia, si se les da a escoger, los niños por lo general se deciden por unas formas muy sencillas (y baratas) de pasar el tiempo con sus padres.

Prorratead vuestro tiempo a tenor de las necesidades de cada hijo

Si tenéis varios hijos, es importante que gastéis algún tiempo de calidad con cada uno de ellos *por separado*; si bien tened presente que no tenéis que dividir siempre el tiempo en partes exactamente iguales. Es mucho más adecuado distribuir vuestras energías de acuerdo con las *necesidades* de vuestros hijos en un momento determinado. Una creencia falsa muy corriente es que dañaremos la autoestima de un niño si parece que gastamos *más* tiempo y energía con sus hermanos y hermanas, o bien con cualquier otra persona.

De hecho, la vida familiar nos brinda la ocasión ideal para enseñar a los niños la importante lección humanitaria de que, aunque todos los seres humanos *valen* lo mismo, no todos requieren la misma proporción de apoyo y atención. Y, por supuesto, en tanto en cuanto los niños tengan unos sólidos cimientos de autoconfianza interna, podemos muy bien *fortalecer* su autoestima si les damos la oportunidad de ser generosos y considerados con aquellos que tengan necesidades más grandes que las suyas.

Sed protectores e indignaos en su nombre cuando
vuestros hijos conozcan la injusticia

Aunque en estos momentos parece que cada vez más los derechos de los niños están siendo protegidos por la sociedad, todavía existe la posibilidad de que vuestros hijos se topen con algún tipo de injusticia o abuso y sean demasiado pequeños o desvalidos para luchar contra ellos. Sólo en el curso de su vida diaria pueden, al igual que otros muchos niños, ser:

— amedrentados por niños mayores que estén celosos de ellos;
— ridiculizados o humillados por un familiar irreflexivo o entrometido;
— inadecuadamente castigados por un profesor;
— violentamente desplazados de la cola de un supermercado;
— injustamente discriminados en un centro recreativo; o
— engañados en una tienda al entregarles menos cambio del debido o géneros en mal estado.

¿Qué haríais normalmente en cada una de estas situaciones? Antes que nada, vuestra reacción dependerá de la edad del niño en cuestión y de las particulares circunstancias presentes en cada caso, si bien estará asimismo influida por:

a) La filosofía que tenéis sobre la crianza y educación de los hijos. (Por ejemplo: «La vida es así», «Pienso que los niños tienen que arreglárselas por sí mismos», «La vida nos enseña a defendernos a nosotros mismos»; o, lo contrario: «A los matones hay que darles a probar de su propia medicina», «A los niños hay que protegerlos a toda costa».)

b) La capacidad que tengáis para controlar vuestra propia indignación. (Por ejemplo: «Si intervengo perdería los estribos y empeoraría las cosas», «No sabría qué decir», «La próxima vez, no lo pasaré por alto», o «Voy a escribir una carta quejándome enérgicamente».)

En relación con la propia estima de vuestro hijo, el punto más importante a tener en cuenta es que *tú, como padre o madre, hagas algo.*
Alice Miller, una conocida terapeuta y escritora especializada en

el abuso de los niños, recientemente nos ha abierto más los ojos sobre el daño psicológico fundamental que se le puede hacer a la autoimagen de un niño si no hay nadie que, con talante protector, se levante en defensa de ese niño. Ella cree (y, de hecho, yo también) que los niños pueden emocionalmente recuperarse de cualquier clase de ofensa e injusticia si son psicológicamente rescatados por lo que ella llama un «testigo justiciero». En otras palabras, necesitan que alguien más fuerte y poderoso que ellos:

1. les haga saber que está en su nombre *indignado*;
2. les asegure que lo que ha sucedido *no ha sido justo;*
3. les dé a entender que no ha sido culpa de ellos (observad que la mayoría de los niños pensarán, sin más, que la culpa es de ellos si el autor de la ofensa es alguien a quien quieren y necesitan);
4. les dé la oportunidad de sentir y expresar sus sentimientos, y
5. realice una acción protectora o defensiva en su nombre o les ayude a tomarla.

Y, sin duda alguna, la persona ideal para representar el papel de «testigo justiciero» de un niño a quien se le ha inferido una ofensa o un abuso, es su propia madre o su propio padre. Así que, incluso en el caso de que no podáis o no queráis librar una batalla por ellos, por lo menos elevad la autoestima de vuestros hijos haciéndoles saber que estáis de su lado y que os sentís indignados por lo que les ha pasado. Tenéis que aseguraros que saben que tienen el *derecho* de recibir ayuda hasta que no sean capaces de defenderse por sí mismos. (Si no cuentan con este derecho, es muy probable que mantengan en secreto cualquier serio abuso del que hayan sido víctimas.)

A medida que los hijos se vayan haciendo mayores, podéis muy bien enseñarles algunas estrategias apropiadas de autoprotección de forma que, siempre que sea posible, puedan defenderse por sí mismos. (Véase el capítulo décimo.)

Escoged con cuidado vuestras palabras

De vez en cuando los padres dicen cosas de las que luego se avergüenzan. La mayoría de nosotros tenemos programado en nuestro padre o madre «automáticos», o en nuestras «actitudes automáticas», un repertorio de humillaciones a infligir a los demás; humillaciones de las que somos proclives a hacer uso cuando estamos estresados. No obstante, por el sencillo procedimiento de estar más atentos a lo que decimos, podemos nosotros mismos controlarnos y utilizar cada día un menor número de ellas. Recordad que una observación inconveniente puede que no haga mucho daño; pero si un niño recibe un considerable goteo de humillaciones, lo más probable es que éstas calen en su autoimagen básica.

Utilizando la siguiente tabla como guía de referencia rápida, fabricaos una lista con vuestras frases «favoritas»; es decir, con aquellas frases que luego deseáis no haber dicho. Entregad la lista a vuestros familiares y pedidles que os indiquen cuándo utilizáis algunas de las frases para que así podáis tener la oportunidad de reparar el daño pidiéndoles disculpas, al mismo tiempo que adquirís una cierta práctica en expresar lo que intentáis decir en un lenguaje que no sea lesivo para la autoestima.

(En algunos capítulos venideros encontraréis una guía para emplear un lenguaje más asertivo y constructivo en la mayoría de las situaciones.)

• El lenguaje que puede mermar la autoestima

Algunas de las siguientes frases se pueden utilizar de la manera más inocente, por lo que debéis recordar que lo que caracteriza a una humillación o un comentario cáustico es muchas veces el *lenguaje no verbal* que lo acompaña (esto es, una sonrisa sarcástica o de arrogante condescendencia, un tono agresivo, un suspiro de mártir, un enarcamiento de cejas, un movimiento de cabeza, etc.). Imaginaos que estáis viendo u oyendo estas señales supletorias en el momento de leer las palabras y frases que se dan a continuación.

Etiquetamiento
Vosotros los niños...
La gente como tú...
La juventud de hoy en día...
Eres un muro de piedra.
Eres el típico muchacho que...
¿Así es como se visten las chicas de hoy en día?
Tu generación...

Psicólogo aficionado
Tú sólo eres un perezoso...
Lo que a ti te pasa es que no piensas...
Te comportas justo como un niño...
Lo malo de ti es que...
No tienes sentimientos...; sólo eres un...
Esto no es lo que tú realmente quieres decir...
A ti sólo te gusta meterte en líos.
Eres incapaz de estarte sentado y quieto un minuto.
Tú no estás hecho para eso.
Te conozco y...
Necesitas que alguien esté encima de ti.
Lo que pasa es que ni lo intentas siquiera...
Ellos no te conocen como yo te conozco.
Nunca llegarás a dominar eso.
Lo que está tratando de decir es que...

Distanciamiento
Los niños verlos, no escucharlos.
Yo abandono.
Yo ni escucho.

Comparaciones
Tu hermana siempre era mucho...
John nunca trataría a su madre de este modo.
Esos pobres pequeños en...
En mis tiempos...
Cuando yo era niño...
Penny es una estupenda nadadora y sólo tiene...
¿Quién te crees que eres?
El otro día vi a Tony y lo vi muy crecido. ¿Por qué tú no...?
Tú eres como yo, siempre...
Tú y tu padre sois tal para cual...

Exageraciones
Tú siempre...
Tú nunca...
¿Es que no puedes hacer alguna cosa bien?
Creo que yo no te he enseñado eso.
Todo lo que te gusta hacer es dormir/jugar/comer.
No tienes respeto por nada.
Lo único que haces es quejarte.
Todo te entra por un oído y te sale por el otro.

Utilizar la edad como reproche
Cuando seas mayor...
Eso es, como si fueses un bebé.
Todo el mundo pensará que eres un bebé.
¿Qué edad tienes?
Tienes sólo...
Eres sólo un adolescente y ya te crees una persona mayor, pero...

Adulación
Es tan bonito lo que has hecho.

Eso está muy bien para tu edad.

Bueno, por lo menos creo que lo intentaste con todas tus fuerzas.

Teniendo en cuenta que es tu primer intento...

Sarcasmo

¿Has nacido en un establo?

Esto es lo que tú llamas ser listo, ¿verdad que sí?

A estas cosas se les llaman zapatos, ¿no es eso?

Inducción a la culpabilidad

Me vas a matar.

Has conseguido que me duela la cabeza.

Cuestan tanto los niños hoy en día.

¡No se da cuenta que ha nacido con sólo uno!

¡Tu madre ya tenía bastante sin ti!

Tu padre lo hizo lo mejor que pudo, así que tú no tienes...

Mira lo que me has hecho hacer.

¿Qué es lo que estás tratando de hacer conmigo?

¿Ves estas canas en mi cabeza?, pues...

Profetizar

Cuando crezcas serás un...

Tú nunca llegarás a...

Algún día lamentarás...

Algún día la gente sabrá quién eres.

Tal como lo estás llevando, te vas a dar un...

- **El lenguaje que puede acrecentar la autoestima**

He aquí algunos ejemplos de frases que con frecuencia deberíamos *decirles en alta voz* a nuestros hijos. Huelga decir que tendrían mucho más impacto si fuesen reforzadas con un tono cariñoso, con sonrisas afectuosas, con abrazos comprensivos, con ojos entusiasmados o, incluso, ¡con gritos de júbilo!

Transmisión de sentimientos positivos

Te quiero.

Me gusta estar contigo.

Lo paso bien jugando contigo.

Me encanta leerte cosas.

Me importas tanto.

Me has dado tantas alegrías.

Para mí es un gran placer pasar el día contigo.

Me siento tan feliz cuando te veo haciendo...

Me conmueve mucho cuando tú...

Me siento tan agradecido cuando tú...

Me siento tan orgulloso de ti cuando leo...

Me siento tan entusiasmado de verte de nuevo...

Reconocimiento de méritos

Me gusta la forma que tú empleas...

Me gustas porque...

Eres muy importante para mí porque...

Tienes un talento especial para...

No hay nadie como tú en todo el mundo porque...

Tienes una sonrisa maravillosa.

¡Cantas con tanto sentimiento!

Es tan divertido estar contigo porque...

¡Eres todo un artista! Sólo tienes que mirar cómo has...

Eres chistoso sin ser cargante.

Enhorabuena por la forma en que...

Eres un verdadero amigo. Mira lo que has hecho para...

Sarah me dijo la semana pasada lo bien que te portaste cuando...

Gran dijo que le gustaría tenerte, porque tú siempre...

Vi cómo el público asistente quedó prendado cuando tú...

Te veo muy bien. Tienes tan buen sentido del color y de...

Muchas gracias por...

Te lo mereces porque...

Admiro la forma en que tú usas...

Reconocimiento de esfuerzos y logros

Realmente trabajaste duro en eso.

Me di cuenta de que lo intentaste.
Sé que lo estás haciendo lo mejor que puedes.
Es un logro sorprendente. ¡Bien hecho! Has conseguido...
Desde hace una semana he notado una gran mejoría...
Hay que ver lo que has adelantado a pesar de que...
Se demostró tu talento cuando tú...
Puedes sentirte orgulloso de ti porque...

Comunicación de una aceptación incondicional
Acepto que estés enfadado conmigo por...
Sé que a veces tienes malos modales, pero...
Comprendo que te sientas celoso...
No importa que cometas algunos errores, siempre que...
No tienes que ser siempre perfecto.
Sé que puedes ser agresivo, pero también sé que tú...
Te has portado de forma egoísta últimamente, pero sé que...
Hay veces que me enfado contigo, pero sigo queriéndote porque...

Confirmación de la confianza
Confío en ti porque...
Tengo en ti toda la fe del mundo.
Sé que puedes hacerlo.
¡Eres un ganador!
Si alguien puede hacerlo, ése eres tú.
Puedo contar siempre contigo.
Sé que le plantarás cara al asunto.
Me puedo apoyar en ti.
Me gustaría conocer tu opinión.
Realmente valoro tu criterio.
Me gustaría que me ayudases a...
¿Qué crees tú?
Sé que vas a tener una vida estupenda.
Estoy seguro de que harás una verdadera aportación al mundo.

EJERCICIO
SUSCITACIÓN DE LA AUTOESTIMA

- Utilizando la sección anterior a modo de lista de comprobación, anotad *tres* formas en las que habéis acrecentado la confianza en sí mismos de vuestros hijos en la pasada semana.
- A continuación, y siendo escrupulosamente sinceros con vosotros mismos, anotad tres formas con las que habéis vapuleado su autoestima durante el pasado mes. Alternativamente (¡y también si le sacáis algún regusto al castigo!), anotad tres oportunidades que habéis desaprovechado de enseñar a vuestros hijos algo sobre el amor a uno mismo.
- Tomad nota de tres objetivos con vistas a mejorar la autoestima de vuestros hijos. Por ejemplo,

— pedirles que me ayuden más a menudo;
— pedirle a mi pareja que esté atenta a mi lenguaje en lo que respecta a frases humillantes y a reconocimiento de méritos; y
— sacarle dos horas a la semana para dedicarlas a «tiempo de calidad».

La autoestima es una vigorosa necesidad humana. Es una necesidad humana básica que hace una aportación esencial al proceso de la vida; es indispensable para un desarrollo normal y saludable; es sinónimo de supervivencia.

DOCTOR NATHANIEL BRANDEN

Capítulo 6

¿Cómo ayudar a vuestros hijos a que desarrollen un buen conocimiento de sí mismos?

Nuestra falta de autoconfianza proviene mayormente de tratar de ser alguien que no somos. No es de extrañar que no sintamos confianza en nosotros mismos cuando estamos viviendo en la mentira. Las personas altaneras ignoran lo que pueden ofrecer a los demás.

ANNE WILSON SCHAEF

*E*L AUTOCONOCIMIENTO constituye una clave de suma importancia para la autoconfianza interna puesto que:

— no podemos formarnos y fortalecernos valiéndonos de nuestras buenas cualidades, si primero no somos conscientes de su existencia, y
— no podemos evitar que nuestras malas cualidades saboteen nuestros intentos de tener éxito y ser felices, si no empezamos sabiendo cuáles son dichas cualidades.

Sin un sólido conocimiento de sí mismos, los niños tienden a desarrollar un «falso ego», el cual está formado por una serie aleatoria de actitudes y comportamientos que los niños adoptan y adaptan en su empeño de tratar de complacer a los adultos que los rodean, o de conseguir de los demás lo que necesitan. Durante este empeño pueden abandonar su instintivo interés por conocerse a sí mismos, así como perder esa facultad de relajarse y de «ser ellos mismos» que tan vital es para la autoconfianza.

Así que echemos una mirada a algunas fórmulas prácticas con las que podamos ayudar a nuestros hijos a desarrollar esta importante cualidad que es la autoconfianza interna.

Conoced a vuestros hijos por vosotros mismos

Mi padre decía siempre que hacía esto y lo otro porque se preocupaba por mí, pero ¿cómo podía quererme, si no me conocía?

Participante de un curso de creación de autoconfianza

El anterior comentario, tengo que decirlo una vez más, lo escucho corrientemente en boca de gente que sé que adolece de falta de confianza en sí misma.

Mostrar interés en saber quién es en realidad nuestra hija o nuestro hijo (y no fantasear, quizá, sobre quién nos gustaría que fuese), no es sólo un modo importante de demostrarles que nos importan, sino también el procedimiento más idóneo para encender en ellos el deseo de conocerse a sí mismos.

Por mi experiencia sé que muchos padres, debido en parte a un sentimiento de afinidad, dan por muy sentado que conocen a sus hijos, asumiendo —muchas veces erróneamente— que son copias al papel carbón de ellos mismos. A menudo no es hasta que los chicos alcanzan la adolescencia —y tienen, por tanto, mayores y mejores facultades con las que afirmar su verdadera personalidad—, cuando algunos padres encuentran realmente a sus «verdaderos hijos». Y, desde luego, si la autoconfianza de la niña o del niño está muy dañada, a veces puede ocurrir que su verdadero ego no se materialice *nunca*.

Una forma útil de hacer que los niños se muestren ante vosotros tal como son es hacerles *preguntas abiertas*. Este tipo de preguntas es el que invita a la otra persona a contestar algo más que un escueto «sí» o «no». Los ejemplos que se exponen a continuación ilustran lo que pretendo dar a entender por preguntas que pueden estimular a vuestros hijos a meditar más sobre su propia personalidad y posibilidades futuras.

> *Yo me sirvo de seis honestos criados; / ellos me enseñaron todo*
> *lo que sé. / Sus nombres son Qué, Por qué, Cuándo; / Cómo, Dónde*
> *y Quién *.*
>
> RUDYARD KIPLING

- «*¿Cuál te* gusta más/menos?» (En vez de la pregunta cerrada: «¿Te gusta éste?»)
- «*¿Qué* piensas acerca de...?» (En lugar de: «Eso fue interesante, ¿a que sí?»)
- «*¿Cómo te* sientes cuando...?» (En lugar de: «A que sentiste miedo, ¿verdad que sí?»)
- «*¿Qué* fue lo que *te* gustó de...?» (En lugar de: «¿Te gustó eso?»)
- «*¿Cuándo te* enfureces o *te* irritas?» (En lugar de: «¿No te enfureces cuando...?»)

Discutid, cuestionad, escuchad y polemizad

Ayudaréis a vuestros hijos a exponer sus creencias y opiniones personales si dedicáis tiempo y ponéis empeño en tratar estos aspectos con ellos. Cuando sean muy pequeños, los asuntos a tratar tendrán naturalmente que tener algún interés para ellos (por ejemplo, su programa de televisión preferido, o lo que han dado hoy en clase), pero a medida que se vayan haciendo mayores podéis extender el debate hasta ideas más abstractas o asuntos más generales.

Las discusiones familiares no siempre son la forma más agradable de pasar una tarde, pero si se llevan a cabo en una atmósfera de respeto mutuo (y no meramente como un modo de controlar o aliviar la tensión), se convierten entonces en una herramienta de múltiples usos e incalculable valor para la autoconfianza. Uno de estos usos es, sin duda alguna, ayudar a los niños a descubrir qué es lo que toca las fibras de su corazón o lo que tiene interés para ellos.

Si de verdad creéis que no hay nada que pueda iniciar una discu-

---

* Por curiosidad transcribo este verso de Rudyard Kipling en su inglés original: «I keep six honest serving men / They taught me all I knew: / Their names are What and Why and When / And How and Where and Who.» *(N. del T.)*

sión con vuestros hijos porque sois muy afines en opiniones y valores, tratad de hacer un esfuerzo consciente para asumir ocasionalmente el papel de «abogados del diablo», a fin de darles al menos la oportunidad de que se escuchen a sí mismos aireando sus puntos de vista (y, cómo no, de practicar sus dotes argumentativas que tan importantes son para la autoconfianza externa).

Alentad en vuestros hijos la asunción de riesgos y así pondréis a prueba su potencial

No estoy sugiriendo que pongáis en peligro la vida o la integridad de vuestros hijos; pero, si son empujados a hacer cosas que no sean precisamente las opciones más fáciles o familiares, ello contribuirá, con toda certeza, a que se descubran a sí mismos. Al enfrentarse a tales desafíos pueden encontrarse con que tienen una serie de puntos fuertes, intereses y talentos que les son propios, y que, acaso, no habrían descubierto si se hubiesen siempre inclinado por las opciones seguras.

Recordad que, para hacer esto, nosotros, los padres, quizá tengamos que dedicar más *tiempo* a ayudar a nuestros hijos a prepararse para estas nuevas experiencias y a que aprendan además a manejarlas; especialmente si necesitan instrucciones sobre cómo reprimir su miedo y su preocupación ante la posibilidad de hacer algo erróneo o fallar. Muy pocos niños mejorarán realmente su autoconfianza si son «lanzados de cabeza al proceloso mar» sin el apoyo y la preparación debidos. (Si queréis encontrar instrucciones sobre cómo ayudar a vuestros hijos a controlar el miedo, podéis consultar el capítulo undécimo.)

Aquellos de vosotros que —bien por vuestras propias experiencias negativas, o bien porque tengáis una niña o un niño particularmente frágil— seáis dados a ser protectores en demasía, tendréis que tener un cuidado especial para no perjudicar con comentarios desalentadores la disposición de vuestros hijos a asumir riesgos. Y puesto que estos comentarios se disfrazan bajo la forma de consejos cariñosos y persuasivos, a lo mejor tendréis necesidad de pedirle a alguien que esté próximo a vosotros que vigile vuestro lenguaje; incluso es posible que necesitéis manteneros alejados de vuestros hijos mientras estén tratando de asumir riesgos por ellos mismos. (Debemos dar gracias a Dios por la existencia de instituciones que, como Boy Scout y otras similares, ponen a salvo a niños ansiosos de aventuras de padres temerosos y sobreprotectores.)

Haced elogios específicos y comentarios positivos

Todos los padres saben lo importante que es para la autoestima de los niños que se elogien sus acciones, y estoy segura de que ya vosotros lo estaréis haciendo.

Pero, a pesar de esto, ¿podríais mejorar vuestros comentarios positivos de forma que ayudaran a vuestros hijos a conocerse mejor y a tener más consciencia de sus puntos fuertes? Creo que sí. A continuación tenéis algunos ejemplos que podéis usar para determinar cuál es en general vuestro estilo en este aspecto; por favor, tened en cuenta que no hay nada negativo en utilizar las frases que se dan entre paréntesis, lo que pasa es que *a veces* es conveniente hacer un esfuerzo especial para encomiar más de forma específica.

- «Este cuadro me gusta de verdad..., parece que tienes buen ojo para el color y el detalle.» (En vez de: «¡Qué cuadro tan bonito! ¡Cómo me gustaría pintar así de bien!»)
- «Me siento muy orgullosa (o muy orgulloso) de ti cuando te escucho cantar en el escenario; veo que tienes un talento muy especial para captar la atención del público.» (En vez de: «Estuviste genial..., le gustaste a todo el mundo.»)
- «Estás muy bonita con ese vestido; el azul parece que resalta el color de tus maravillosos ojos.» (En vez de: «Estás hoy muy bonita.»)
- «Esto está muy bien hecho; es un informe excelente. Fue interesante observar que, una vez más, se te dio bien la parte relativa a... y... Por lo visto, tienes muy buenas cualidades para estas materias, ¿qué crees tú?» (En vez de: «Esto está muy bien; eres muy lista.»)

Haced una crítica directa, honrada y específica

Muchos padres siente tanto temor de lesionar la confianza en sí mismos de sus hijos, que se abstienen más de la cuenta de expresar sus críticas. Cuando se hace como es debido, la crítica constituye una herramienta *esencial* para mejorar el conocimiento de uno mismo. Los niños estarán más dispuestos a escuchar y a aceptar vuestros comentarios negativos si éstos se realizan de forma constructiva y asertiva.

He aquí algunas directrices que podéis utilizar como lista de confrontación:

— A ser posible, escoged *un momento y un lugar adecuados*. (Por ejemplo, no en el preciso instante en que la niña o el niño se va a ir a la cama y está cansado; tampoco delante de sus amigos ni cuando acaba de levantarse por la mañana.) La mayoría de las críticas pueden retrasarse para ser más adelante debatidas en un sitio privado y en un momento de mayor tranquilidad (ahora bien, cuando se trata de niños muy pequeños lo mejor es no demorarlas demasiado).

— Siempre que podáis, comenzad con un comentario u observación positiva. (Por ejemplo: «Yo te quiero mucho, Johny, pero cuando tú...», o bien: «Por regla general, creo que te tomas con mucho interés los deberes escolares, pero la pasada semana...»)

— Dadles a entender que conocéis y comprendéis sus dificultades y sentimientos. (Por ejemplo: «Es difícil a veces ser el más joven, pero...», o bien: «Cuando yo iba a la escuela, solía también sentirme frustrado; por tanto, sé cómo te sientes, pero...»)

— Evitad palabras que puedan desinflar su autoestima (véase el capítulo quinto, páginas 108-110).

— Centraos en la *conducta* y no en la personalidad. («Con esa forma de comer lo estás pringando todo»; en lugar de: «¡Eres una puerca!»)

— Al igual que con los elogios, sed *específicos* y no generalicéis en demasía. («Me enfado cuando dejas tus libros y tus zapatos en el recibidor»; en lugar de: «Tu desorden me saca de quicio.»)

— Siempre que sea factible, haced *una sola* crítica a la vez. (Evitad cosas como ésta: «Ya que estamos en ello, la pasada semana... y todavía hay más...»)

— Estimulad a vuestros hijos a que *respondan* con una *autoevaluación*; si bien debéis aseguraros de que les dais tiempo para que se expresen por sí mismos, ya que es muy probable que tengan dificultades para entender vuestra forma de hablar. («... así es como yo lo veo, pero qué piensas *tú* del informe de la escuela, ¿crees que debes poner más atención en clase?»)

— Ceñíos a *vuestros propios sentimientos y reacciones*, a menos que tengáis una poderosa razón para recurrir a la supuesta opinión de personas que están ausentes. (Evitad comentarios como éstos: «Estoy segura de que la abuela se habría llevado un disgusto, si te hubiese visto...», o bien: «No sé qué diría el director de tu escuela, si yo le contara...»)

Haced que sean conscientes de sus sentimientos

La forma en que los niños manejan individualmente sus sentimientos viene, en parte, determinada por sus genes. Algunos dejarán que sus sentimientos se «desborden hacia fuera», mientras que otros serán menos expresivos. Es importante para la autoconfianza interna —cualquiera que sea el talante con que los niños expresen sus sentimientos— que exista una *conciencia* de las emociones. (Este conocimiento constituye una base esencial para enseñar a los niños a controlar sus emociones de manera apropiada y asertiva, cosa que trataremos en el capítulo undécimo.)

Uno de los mejores métodos para conseguir que los niños sean más conscientes de sus sentimientos es —antes de preguntarles por los suyos— *descubrirles los vuestros y hacerles partícipes de ellos*. (Por ejemplo: «Estoy harta (o harto); otra vez está lloviendo hoy. ¿Te molesta a ti también, o no te importa nada?»)

Otro buen método es darles a conocer vuestras impresiones de su comportamiento no verbal, si bien hay que tener mucho cuidado de no pasarse en la interpretación del mismo. («Tu tono de voz me dice que no estás muy entusiasmado; ¿de verdad te gusta lo que te he dicho?», o bien: «Parece que le pones mala cara a Michael: ¿me equivoco o estás enfadada con él por algo?»)

Utilizad la representación teatral, el arte y los juegos para incrementar la autoconciencia

Para la mayoría de los niños, estos métodos constituyen la forma más fácil de explorar sus valores y sentimientos, así como de practicar con sus puntos fuertes y débiles. Existen en el mercado muchos juegos que pueden desarrollarse en familia y que os ayudarán a hacer que vuestros hijos sean más autoconscientes. Los mismos métodos de representación teatral son más baratos y puede que incluso sean más apropiados para algunos niños.

Por ejemplo, a muchos les gusta jugar a «yo soy tú y tú eres yo». Esta clase de juegos de personificación van muy bien con el carácter de los niños, quienes suelen dar muestras durante su desarrollo de una habilidad bastante incómoda (¡para los padres, claro está!). Acompañados de bromas de buen gusto, estos juegos pueden ser un medio poderoso de hacer que cada miembro de la familia acepte su personal idiosincrasia y sus puntos débiles.

Al mismo tiempo, si vuestros niños sienten inclinación por la autoexpresión a través del arte, podríais utilizar este medio para debatir sentimientos e ideas. Estad alertas, sin embargo, para no poner demasiado entusiasmo en el papel de terapeuta de arte aficionado, y recordad siempre que sois un padre o una madre, no un profesional clínico a quien se le paga para que redacte una valoración objetiva. (Por propia experiencia sé muy bien que el papel de padre o madre y el de terapeuta raramente engranan bien cuando intervienen juntos y, además, tened presente que es más que probable que vuestros hijos prefieran al primero.)

Enseñad autoevaluación

Instad a vuestros hijos a que regularmente valoren su conducta y actuación. La autoevaluación se practica mucho ahora en las escuelas, por lo que los niños de más edad tendrán la ventaja de una práctica adicional en esta materia. Haced un esfuerzo para no poner de manifiesto vuestros juicios hasta tanto no hayáis convencido a vuestros hijos de que expresen los suyos.

Por ejemplo, si vuestra niña o vuestro niño os muestran dos dibujos y estáis seguros de que uno de ellos contiene rasgos geniales, reprimid vuestra impetuosa admiración hasta que no hayáis preguntado cuál de ellos prefieren y por qué. O, aprovechando un momento en el que os sentís particularmente pacientes y veis que dos de vuestros hijos se están tirando de los pelos, no deis de momento rienda suelta a vuestro horror; separadlos y, cuando se hayan calmado, preguntadles qué *piensan* de su comportamiento.

EJERCICIO
¿CÓMO AYUDAR A MIS HIJOS A QUE SE CONOZCAN A SÍ MISMOS?

• Haceos esta semana el propósito de —utilizando el lenguaje que sea más apropiado para vuestros hijos— preguntarles cuáles consideran que son sus mejores cualidades y cuáles sus logros más grandes. ¿Casa esta evaluación con la vuestra? Si no es así, tomad nota de lo que podéis hacer para conocer mejor a vuestros hijos; o —si estimáis que tienen un concepto poco realista de su personalidad y de sus posibilidades futuras— pensad de qué modo podéis mejorar su autoconocimiento. (Obviamente, tendréis que tener en cuenta una cierta grandiosidad en las apreciaciones de vuestros hijos que son propias de la edad.)

• Anotad tres preguntas abiertas que podríais hacerles a vuestros hijos a la semana siguiente.

• Anotad asimismo tres muestras de las críticas que normalmente hacéis a vuestros hijos y utilizad las directrices que se han dado para comprobar que las estáis expresando con efectividad.

Capítulo 7

Estimulad a vuestros hijos
para que se fijen metas

*D*EBO CONFESAR que he tenido algunos sentimientos encontrados con respecto al establecimiento de metas por parte de los niños. A la «niña que llevo dentro» (a quien todavía le apetece disponer de un mayor espacio que dé cabida a la espontaneidad y a la libertad que me fueron escatimadas en los primeros años de mi vida) le repugna la idea de estructurar a los niños y «porfía» que esto puede acabar con su creatividad y establecer límites a su desarrollo. Mi sensible parcela «adulta» contrarresta este argumento con la creencia de que las metas dan un sentido de propósito a la vida e incrementan asimismo el sentido de seguridad de los niños.

Los aspectos positivos del establecimiento de metas dan siempre al traste con el primer argumento. Sé que si disponemos de metas (cualquiera que sea nuestra edad) tendremos la impresión de poseer algún control personal sobre el mundo que nos circunda y sobre nuestro destino. Y aunque las metas de un niño puedan parecer minúsculas en comparación con nuestros grandes planes vitales, son igualmente importantes para el crecimiento de su autoconfianza. Después de todo, la meta de un niño de siete años de nadar tres anchos de piscina antes de que termine el curso puede ser tan desafiante y motivadora o más que el objetivo de un alto ejecutivo de las finanzas de amortizar en tres años una inversión.

Pero cuando alentamos a nuestros hijos a fijarse metas, hay un cierto número de extremos que sería conveniente tener en cuenta, si queremos que su autoconfianza sea acrecentada mientras tratan de alcanzar las estrellas. Una vez más, podéis utilizar lo que sigue como lista de confrontación.

Las metas y objetivos de los niños

Cuando ayudéis a vuestros hijos a establecer metas, recordad que éstas tienen que ser:

- **Personales** y establecidas teniendo siempre presente el potencial *individual* del niño o niña. Esto puede dar lugar, por tanto, a que las metas de ocho niños, aunque tengan la misma edad y los mismos antecedentes, varíen enormemente. Tenemos que instruir a nuestros hijos a que apliquen sus esfuerzos a alcanzar aquello que quieren y necesitan, y que no miren constantemente de soslayo para ver los objetivos de los que están a su alrededor. Y lo que es todavía más importante: tenemos que refrenarnos de hacer comparaciones. Esto no quiere decir que no sean útiles unas pautas muy generales de consecución de esas metas; por supuesto que lo son. Después de todo, nuestros hijos tienen que vivir en un mundo que los juzgará de acuerdo con las pautas predominantes en la sociedad en la que estén inmersos, y no tendrán más remedio que atenerse a ellas aunque a veces les parezcan injustas. Pero, en lo que concierne a la creación de autoconfianza, es vital que subrayemos que las metas personales tienen tanto valor, si no más, que aquellas otras establecidas por los demás en el mundo que los rodea.
- **Realistas** y alcanzables. Los niños tienen que darse cuenta de que, aunque tengan grandes recursos potenciales dentro de sus mentes y de sus cuerpos, todos tenemos nuestras propias limitaciones. Empujar a los niños a que se establezcan metas demasiado difíciles de conseguir, puede tener una incidencia restrictiva en el crecimiento de su autoconfianza. Sé que mucha gente sinceramente piensa que al poder que emana de un pensamiento positivo puro sólo se le puede poner como límite el cielo. En consecuencia, estas personas arguyen que es importante no desinflar la natural grandiosidad de los niños, sino más

bien estimularla. Sin embargo, la construcción de una sólida y *duradera* autoconfianza interna requiere un tratamiento mucho más pragmático; por lo menos la mayoría de las veces. (Todos nosotros podemos en ciertos momentos beneficiarnos de los chorros temporales de energía que brotan de esa «mágica» creencia de que cualquier cosa es posible.)

- **Graduales** y divisibles en pasos muy pequeños que sean manejables. La clase más sólida de autoconfianza es la que se asienta sobre un *continuo* flujo de logros que acerquen cada vez más a los niños a su meta principal. Lo ideal es que cada paso sea un poco más difícil que el anterior, para que así las probabilidades de éxito sean mayores; y también que el tiempo que medie de un paso a otro sea lo más corto posible, para que de este modo la energía generada por la sensación de éxito en una determinada fase pueda ser aplicada en la siguiente.

Algunos niños, por supuesto, se mostrarán muy impacientes (sobre todo al comienzo del «programa» que los llevará paso a paso hasta su meta). Otros se darán cuenta de que, a medida que avanzan, son capaces de moverse a un ritmo más rápido que el planeado originalmente; si bien, especialmente en las primeras fases, hay que tratar de que no se les suba el éxito a la cabeza para que no caigan en la tentación de querer saltarse de una vez demasiados pasos. Aun cuando tuviesen la ventaja de llegar a la meta final un poco antes, tendrían la sensible pérdida de no adquirir la fuerza psicológica que imprime el constante goteo de pequeños éxitos.

- **Recompensadas;** pero, eso sí, lo más pronto posible después de dar *cada* paso. El término psicológico que describe esta clase de recompensa es «*refuerzo positivo*»; probablemente la más potente herramienta motivacional para el aprendizaje y el éxito que vuestros hijos hayan jamás tenido. Estas recompensas no tienen por qué arruinar vuestra cuenta corriente, ni tampoco estropear los dientes de vuestros hijos. De hecho, detalles sencillos y oportunos como un tiempo adicional de juego, un fuerte abrazo por vuestra parte, o una estrella pegada en un panel de pared, son, por regla general, mucho más efectivos que unas lejanas bicicletas de montaña o unos Ferraris rojos. A medida que vuestros hijos vayan creciendo, podéis alentarlos a que establezcan y administren sus propias recompensas, ya que el autorrefuerzo obra incluso maravillas más grandes en nuestra autoconfianza.

- **Flexibles**. Debido en parte a que los niños se desarrollan a un ritmo tan rápido, los «postes de sus metas» tienen que ser modificados a mucha más velocidad que los nuestros. Por tanto, procurad que viejos mensajes que aconsejen «perseverar en lo mismo» y que puedan salir a la superficie, procedentes de vuestro padre o madre «automática» (las ya tratadas «actitudes automáticas»), no interfieran con la necesidad (y el derecho) de vuestros hijos a cambiar frecuentemente de parecer. Lo importante es comprobar que no estén desechando definitivamente un conjunto de metas, sino que están intentando *reemplazarlo* por otro conjunto más interesante y apasionante y, por ende, más gratificante en esencia, aun cuando tengan primero necesidad de pasar por un período de descanso y de atonía creativa.

- **Respetadas**; por muy insignificantes, extrañas o descabelladas que nos parezcan. Esto puede que resulte obvio para esos padres responsables que nunca tirarían por tierra intencionadamente las miras y ambiciones de sus hijos; pero incluso el más solícito de nosotros puede a veces, inconscientemente, caer en esto. Podemos caer en cosas tales como gastarle bromas excesivas a un niño por su «obsesión» por algo que le interesa en particular; prestar más atención a metas que se nos antojan más atractivas por el solo hecho de ser culminadas o, simplemente, no darnos cuenta de los pequeños pasos que constituyen los éxitos parciales de un niño.

EJERCICIO
LAS METAS DE MIS HIJOS

- Haced una lista con las metas que en ese momento tengan vuestros hijos y confrontad cada una de ellas con la lista de directrices que acabamos de dar.
- Tomad la firme determinación de hablar el mes que viene, o algo así, con cada uno de vuestros hijos por separado sobre los «sueños» que tengan para el futuro y ved si vosotros (o ellos) podéis establecer alguna conexión con sus metas y miras actuales. Si esto es posible (¡y espero que así sea!), intentad entonces establecer una serie de pasos progresivos que conduzcan de las segundas a los primeros. Con los hijos pequeños este ejercicio probablemente tomará la forma de un rato de charla informal en la que «soñaríais despiertos», pero con los hijos mayores esto podría traducirse en un plan de vida más estructurado. Cualquiera de estos procedimientos empujaría un poco hacia arriba la autoconfianza interna de los niños en cuestión.

Somos lo que somos y estamos donde estamos porque primero nos lo hemos imaginado.

DONALD CURTIS

Tenéis de hacer que vuestros hijos piensen positivamente

Capítulo 8
Haced que vuestros hijos piensen positivamente

$\mathscr{E}$L PENSAMIENTO NEGATIVO no es connatural al hombre: es simplemente un mal hábito. Sin embargo, es un hábito que los niños pueden empezar a adquirir del mundo que les rodea a una edad muy temprana. Como pasa con todos los malos hábitos, es mucho más fácil de erradicar si se «corta» antes de que empiece a arraigar.

El pensamiento negativo ha tomado tal carta de naturaleza en nuestra cultura occidental, que ha surgido todo un negocio en torno al desarrollo personal para ayudar a los adultos a combatir la enfermedad. A pesar de que en parte me gano el pan escribiendo libros e impartiendo cursos sobre cómo desembarazarse de este hábito destructivo, habría preferido vivir en una sociedad donde la perspectiva *natural* y positiva que tienen los niños sobre ellos mismos y sobre su vida no estuviese tan contaminada por la desesperación y el escepticismo.

No me cabe la menor duda de que la mentalidad negativa también corroe la seguridad en uno mismo. Vosotros mismos sabéis que cuando estáis de buen humor y *creéis* que las cosas os van a ir bien, os sentís y aparentáis estar más seguros y, lo que es aún más importante, tenéis más posibilidades de salir airosos de aquello que estéis tratando de hacer. No es de extrañar, pues, que empresarios astutos, con buen ojo para las ganancias, incluyan en sus métodos de selección preguntas dirigidas a revelar si los aspirantes a las vacantes son felices y positivos a la vez que preparados y aptos para el trabajo.

La forma más efectiva de hacer que vuestros niños *sigan siendo* pensadores positivos (sí, todos nacemos con esta inclinación) es, sin duda alguna, que vosotros también lo seáis; pero, aunque vosotros lo seáis, los niños adquirirán hábitos negativos de otras fuentes, como los amigos, la televisión, los libros e incluso de sus profesores del colegio. A continuación encontraréis algunos consejos sobre cómo neutralizar estas indeseables influencias pesimistas.

Formas de hacer que vuestros hijos piensen positivamente

Por las mañanas

Procurad que comiencen el día con pensamientos e impresiones positivas. Esto no quiere decir que tengáis la obligación de comportaros todos los días a las siete de la mañana de una forma extremadamente alegre y optimista; basta con que hagáis un esfuerzo para no parecer lo contrario. Por ejemplo:

- Haced un esfuerzo para levantaros un poco más temprano, de modo que podáis tener una reconfortante charla de lo que cada uno espera del día.
- No hagáis caso de lamentos y aflicciones; decidles que serán tratados más tarde, a lo largo del día.
- Aseguraos de que la mente de vuestros hijos no esté siendo invadida por informaciones pesimistas y negativas acerca de problemas sobre los cuales ellos no tienen, en absoluto, posibilidad alguna de influir o de ejercer control. (Si sois adictos a la radio y os gusta una dosis matutina de noticias de guerra, hambre, tiranteces políticas o líos de tráfico, ¿por qué no las escucháis con cascos?)

A la hora de dormir

Haced que terminen el día con una nota positiva. La mayoría de los padres suelen hacer esto casi de manera automática con bebés y niños muy pequeños, pero abandonan esta costumbre cuando se hacen mayores. Podéis comprobar que no habéis perdido todavía esta «costumbre del arrullo vespertino» haciéndoos preguntas como éstas:

— ¿Proporciono por las noches a mis hijos unos instantes de sosiego en los que podamos dar un repaso a las impresiones y logros del día y comentar qué es lo que pensamos hacer mañana?
— El libro que están leyendo o el programa que están viendo ¿ofrecen una perspectiva positiva del mundo o, por el contrario, causa sin necesidad zozobra o pensamientos sombríos? (Si es así, podéis, por supuesto, sugerirles otro libro o programa o, por lo menos, «compensar» la negatividad con alguna acción positiva.)

Cuando hablan consigo mismos

Convenced a vuestros hijos de que no deben hablarse a sí mismos de forma negativa. En lugar de esto, animadlos a que empleen siempre afirmaciones positivas que eleven su moral y disipen los pensamientos inquietantes. Por ejemplo:

«Puedo hacerlo.»
«Soy un estupendo jugador de rugby.»
«Confío en mí y me controlo.»
«Me gusta mi aspecto.»
«Los exámenes constituyen un reto: me gustan los retos y los encuentro emocionantes.»

Generalizaciones

Haced que recompongan las frases que han dicho dándoles un sentido específico más racional y correcto, pero sin impedirles con ello que se deshagan de sus sentimientos negativos. Por ejemplo:

«Las niñas son un fastidio.»	«Algunas niñas realmente me fastidian.»
«Los autobuses siempre llegan tarde.»	«Este autobús ha llegado esta semana dos veces tarde.»
«Las preguntas de los exámenes nunca se corresponden con el temario.»	«Algunas preguntas de los exámenes no se corresponden con los temas que hemos estudiado.»

Exageraciones

Haced que vuestros hijos se percaten de cuándo utilizan las exageraciones con talante negativo y ayudadlos a que las sustituyan por otras expresiones más correctas. Por ejemplo:

«Nunca me salen las cosas bien.»	«Otra vez lo he hecho mal.»
«El profesor nunca me escucha.»	«Hay veces que el profesor no me hace caso cuando le hago una pregunta.»
«Él siempre estropea el juego.»	«Él ha estropeado este juego.»

Exclusiones

Ayudadles a ver cuándo están ignorando los aspectos positivos de una situación y se están centrando solamente en los aspectos negativos; ahora bien, no olvidéis que tenéis que conectar con sus sentimientos o reconocer las dificultades que entraña lo que están tratando de conseguir. Por ejemplo:

Si vuestra hija o vuestro hijo dice:
«Es muy aburrida la casa de la abuela; no hay nadie con quien jugar.»
Vosotros podéis decir:
«Sé que te puede resultar un poco aburrida porque no tienes amigos allí, pero ¿no te estás olvidando de que te gusta ir al parque que hay cerca de la casa y que ella te deja quedarte levantada hasta muy tarde viendo los vídeos? (En lugar de: «Siempre te quejas antes de ir, pero, una vez allí, ¡bien que te diviertes!»)
Si vuestros hijos dicen:
«Odio la escuela, no quiero volver más.»
Vosotros podéis decir:
«Sé que hay muchas cosas de la escuela que no te gustan y que estás muy frustrado por ello; pero, por otro lado, te

agrada ver a tus amigos, y además, se te dan bien las matemáticas y las ciencias.» (En lugar de: «Te conozco: en el fondo tú no odias la escuela. Piensa que son los mejores días de tu vida y que pronto se acabarán.»)

Predicciones

No dejéis de llamarles la atención cuando no existan razones para que las predicciones de vuestros hijos sean negativas y, si es posible, sugeridles que las reemplacen por la realidad o por la esperanza de unos resultados más positivos. Recordad que vuestra misión no es contrarrestar su melancolía con una predicción *falsa* o una esperanza muy remota, sino enseñarles a no socavar su autoconfianza con un lenguaje autoderrotista. Insisto una vez más: tened cuidado de no despreciar sus sentimientos y procurad siempre comenzar con una frase que indique respeto hacia ellos. Por ejemplo:

Si vuestros hijos dicen:
«No habrá nadie allí con quien me lleve bien.»
Vosotros podéis decir:
«Comprendo que te preocupe la idea de que no harás amigos, pero habrá muchos niños para escoger, y hay realmente muchas probabilidades de que te lleves bien por lo menos con uno de ellos. Así que, cuando empieces a preocuparte de nuevo por esto, lo que debes hacer es decirte a ti mismo que tienes una buena oportunidad de conocer a un nuevo amigo, y hay más posibilidad de que esto ocurra si entras sonriendo.» (En vez de decir: «No seas tan pesimista; por supuesto que harás amigos.»)
Si vuestros hijos dicen:
«Aunque jugamos más o menos igual, sé que voy a perder. Nunca tengo suerte cuando juego con ella (o con él); todavía no he podido ganarle un partido.»
Vosotros podéis decir:
«Sí, te veo un poco nerviosa (o nervioso) con este partido, pero el hecho de que hayas perdido antes no quiere

decir que vayas a perder hoy. En lugar de preocuparte, ¿por qué no te convences a ti misma (o a ti mismo) de que vas a hacer un buen partido y que será tu primera victoria?» [En vez de decir: «No seas tonta (o tonto), seguro que ganarás.»]

Si vuestros hijos dicen:

«No quiero tomar la decisión; cada vez que yo decido algo, sale mal.»

Vosotros podéis decir:

«Debe ser preocupante tener que tomar una decisión tan difícil, pero la verdad es que no hay nada que te impida tomar la decisión *correcta*. Así que, ¿por qué no te dices a ti mismo que todo va a salir bien y que lo peor que puede ocurrir es que aprendas de tu error si la cosa resulta mal?» (En vez de decir: «Si nunca tomas decisiones, nunca llegarás a ninguna parte.»)

Si vuestra hija dice:

«¿Qué tiene de malo que fume? De todos modos, antes de que tenga cáncer, seguramente me atropellará algún coche o el mundo saltará hecho pedazos.»

Vosotros podéis decir:

«Sé que es realmente difícil privarte de un placer cuando no sabes a ciencia cierta si vas a obtener algún beneficio de ello y siendo, además, las cosas de este mundo tan impredecibles y espeluznantes. Pero la verdad es que tienes muchas posibilidades de vivir muchos años y hacer muchos planes interesantes a lo largo de tu vida. Así que, ¿por qué no te metes en la cabeza que la vida es maravillosa y que tú vas a estar en este mundo para disfrutarla?» (En vez de: «Bueno, si ésa es la postura que vas a adoptar, lo mejor es que desde ahora lo abandones todo; no hay razón para que hagas algo con vistas a tu futuro si no piensas de una forma positiva.»)

EJERCICIO
ESTIMULACIÓN DEL PENSAMIENTO POSITIVO

- Utilizando los ejemplos que se dan a continuación como guía, practicad vuestra habilidad para convertir el pensamiento negativo en otro de talante más positivo. Para ello tenéis que reformar las frases e incluir una expresión de vuestra comprensión y simpatía hacia los sentimientos de vuestros hijos.

1. «Nunca seré capaz de hacer esto.»
2. «Jan siempre me gana; no vale la pena intentarlo de nuevo.»
3. «Seguramente lloverá y se echará todo a perder.»
4. «No vale la pena decírselo; ella no escuchará.»
5. «Él no querrá jugar.»
6. «Fallaré de todos modos.»
7. «Sé con seguridad que no ingresaré; sólo aprueba el 50 por 100 de los opositores.»
8. «Con la suerte que tengo, verás cómo recorro todo el camino y luego no hay nadie allí.»
9. «¿Para qué me voy a matar estudiando todos estos años, si cuando termine no voy a encontrar trabajo?»
10. «Tú no lo comprenderías.»

- A lo largo de la próxima semana, haced un esfuerzo especial para detectar ejemplos de pensamiento negativo y tratad de reformar las frases, ya sea en vuestra cabeza, ya directamente, con la persona en cuestión (sobre todo si esta persona es uno de vuestros hijos o vuestra pareja).

No hay visión más triste que la de un joven pesimista.

MARK TWAIN

PARTE III

Mejorar la autoconfianza externa de vuestros hijos

$\mathscr{E}$STA PARTE DEL LIBRO tratará de aquellos métodos con los que podéis ayudar a vuestros hijos a adquirir las cuatro principales cualidades de la autoconfianza externa; a saber:

- Buena comunicación.
- Presentación personal.
- Asertividad.
- Control emocional.

Cada una de estas cualidades es esencial si queréis que vuestros hijos sean capaces de hacer un uso pleno de su autoconfianza externa; a menos que, ¡claro está!, quieran retirarse a una isla desierta.

A diferencia de las cualidades de la autoconfianza interna —las cuales son principalmente adquiridas a través de las vivencias que en los primeros años de su vida tienen los hijos con vosotros y con otras personas significativas de su entorno—, la mayoría de las cualidades de la autoconfianza externa tienen que ser aprendidas fuera de casa, particularmente en la escuela y a través de otros canales importantes de aprendizaje social como son, por ejemplo, los medios de comunicación. De hecho, muchos países están ahora invirtiendo grandes sumas de dinero en formar profesores y líderes juveniles para que enseñen estas cualidades, así como subvencionando cualquier proyecto de los medios de comunicación destinado a ayudar a los niños en este sentido. No es raro, pues, que descubráis que vuestros hijos, además de matemáticas, ciencias y francés, están aprendiendo —entre otras cosas— técnicas de atención, cómo hacer presentaciones y cómo soportar críticas adversas.

Independientemente de lo buenos que sean el colegio y los programas de televisión de nuestros hijos, nosotros, como padres, podemos todavía hacer una enorme aportación, integrando en nuestras interacciones diarias el aprendizaje de algunas de estas cualidades de la autoconfianza externa, y también podemos estimular y controlar el progreso de nuestros hijos.

Por favor, recordad que las materias de los capítulos que siguen no deben utilizarse en sesiones *formales* de aprendizaje, ya que esto sería inapropiado y contraproducente para vuestros hijos. Mas bien lo que intento es que sirvan para que prestéis una mayor atención a las necesidades de vuestros hijos en este campo y para daros asimismo algunas ideas acerca de la clase de ayuda que sería adecuada para aquellos niños que estén atravesando ciertas dificultades.

Capítulo 9

Técnicas de comunicación y presentación personal

*S*ABER EXPRESARSE adecuadamente es requisito esencial para que la gente tenga confianza en sí misma. Desgraciadamente, estas cualidades no se proporcionan gratuitamente en el instante de nacer: tienen que *aprenderse*. En este capítulo analizaremos aquellas técnicas que de manera activa emplearemos para que nuestros hijos desarrollen algunas de las cualidades más características de la comu-

nicación. Puede ser que muchos de vosotros, como me pasó a mí, no hayáis adquirido estas cualidades durante el transcurso de vuestra niñez. Si éste es el caso, ¿por qué no las ensayáis vosotros primero? Como ya he dicho muchas veces en este libro, vuestro papel como modelo de vuestros hijos influye en ellos de una manera más poderosa que cualquier otra cosa que directamente les digáis o hagáis.

La conversación

La mayoría de los niños son parlanchines y les gusta «pegar la hebra» con el primero que se les acerca. Tanto es así, que si no hay nadie a su alrededor con quien poder hablar, le hablan al perro, a su osito o a un amigo imaginario. Pero, a medida que crecen, muchos de estos conversadores naturales desarrollan —incluso aunque posean una buena autoestima— tal temor a hablar con los demás que pueden llegar a convertirse en seres aislados y solitarios. ¿Qué es lo que ha pasado?

Muchas veces la razón estriba en que estos niños nunca aprenden a ir más allá de una simple «conversación infantil», la cual realmente consiste en hablar con los demás sin tener en cuenta, casi, si la otra persona está o no escuchando. Como resultado de esto, encuentran cada vez menos gente dispuesta a entablar conversación y pierden su natural inclinación a iniciar la charla. Si advertís que vuestros hijos tienen este tipo de problema, podéis ayudarlos de las siguientes formas:

— **Haciendo que practiquen**; esto es, hablándoles de un modo regular desde muy pequeños y dándoles la oportunidad de que conozcan una amplia gama de gente que esté también dispuesta a hablar con ellos (evitando, por supuesto, aquellos que todavía piensen que a los niños hay que verlos pero no escucharlos).

— **Mejorando su facultad de escuchar**. Esto lo podéis hacer pidiéndoles que no interrumpan y que, en su lugar, escuchen. Cuando hayáis terminado de hablar, pedidles entonces que repitan lo que habéis acabado de decir o que os digan con sus propias palabras lo que piensan de lo que les habéis dicho. Cuando sean mayores, podéis entonces pedirles que hagan lo mismo con otras personas, pero sin que se lo pidan. Al hacer esto les habréis enseñado una habilidad muy importante llamada por los psicólogos *escucha reflexiva*. Esta particular técnica está siendo ahora mismo enseñada semana a semana a miles y miles de inquietos y ambiciosos profesionales; profesionales que están dispuestos a pagar grandes sumas de dinero por aprenderla porque saben lo mucho que mejorará su capacidad de comunicación y, por consiguiente, la naturaleza de sus relaciones.

— **Corrigiendo sus modales,** como que no hablen con la boca llena o mascando chicle, que no interrumpan rudamente, o prohibiéndoles cualquier otro comportamiento que pueda molestar a la gente y provocar el cese de la conversación.

— **Explicándoles las diferencias culturales** y demostrándoles de qué forma tenemos que acomodar nuestro estilo conversacional a diferentes personas y situaciones.

— **Enseñándolos a valorar las charlas intrascendentes** y a no rechazarlas por inútiles debido a su superficialidad. (Los adultos que no han aprendido esta técnica me piden constantemente que incluya en los cursos de autoconfianza alguna práctica de charla intrascendente.) Cuando vuestros hijos comiencen a hacer amistades, podéis explicarles el valor que tiene la charla intrascendente, cómo nos permite relajarnos y conocer un amplio abanico de personas, al mismo tiempo que evita que las conversaciones se tornen excesivamente personales o demasiado «densas» en contra de lo que aconseje el carácter de la relación. Si tenéis hijos quinceañeros que tengan dificultades para entrar en el juego de las «charlas triviales», ayudadlos a identificar las clases de temas que pueden abordar para iniciar conversaciones de bajo riesgo (por ejemplo, el número de personas presentes, el tiempo, algún acontecimiento deportivo de actualidad, la música, etc.).

— **Canalizando su atención hacia el lenguaje no verbal** y advirtiéndoles que producen más impacto en los interlocutores que las palabras que puedan emplear. Ayudadlos a tener conciencia de su propio lenguaje corporal y del lenguaje corporal de los demás.

— **Ayudándolos a juzgar cuándo el humor es o no oportuno**, dándoles una sincera información de cómo lo utilizan.

— **Hablándoles de cómo abrirse a los demás** y haciéndoles saber que éste es uno de los mejores modos de conseguir que las otras personas se sinceren con uno y muestren un mayor acercamiento e intimidad. (De nuevo tenemos que decir que esto puede ser de particular interés para los quinceañeros.) Pero ¡cuidado!, advertidles de los peligros que encierra entrar en conversaciones «trascendentes» demasiado pronto.

El debate

¿Son buenos vuestros hijos discutiendo? Estoy segura de que la mayoría de vosotros contestaréis: ¡demasiado buenos! Vuestra experiencia os dirá que ésta es una cualidad que vuestros hijos practican más que a menudo y que en lo último que pensaríais es en buscar la forma de estimularlos a que la utilicen todavía con más frecuencia y efectividad.

Os comprendo perfectamente. Tengo una familia que discute con frecuencia y ha habido ocasiones en que he deseado que hubiese más paz y armonía en mi casa.

Pero en los momentos en que dispongo de una estructura mental más adulta y fuerte, disfruto plenamente de la estimulante atmósfera de la discusión y de la polémica y me siento particularmente orgullosa de las indudables cualidades que en este campo poseen mis dos hijas. También sé que estas cualidades han sido, y continuarán siendo, una valiosa ayuda para su autoconfianza y que ciertamente contribuirán a que alcancen sus sueños y ambiciones.

Así que en lugar de gastar energía (a menudo inútilmente) en buscar la forma de impedir que vuestros hijos discutan, ¿por qué no la utilizáis *algunas veces* para enseñarles a discutir de una manera más hábil y constructiva? (¡Ojo!, mucho cuidado con parecer condescendientes.) Esto lo podéis conseguir:

— **desarrollando su elocución**; esto es, ayudándolos a expresar lo que realmente quieren decir cuando parezca que se les «están cruzando los cables», corran el peligro de quedarse callados o intenten escabullirse porque no pueden expresarse como quisieran;

— **mejorando su capacidad para exponer su argumentación** de una manera lo más concisa posible, señalándoles los ejemplos o argumentos superfluos;

— **dándoles a conocer cuándo sus interlocutores parezcan estar «desconectándose»**, bien porque se esté «alargando» la charla más de lo aconsejable, o bien porque estén dando demasiados detalles;

— **deteniéndolos cuando usen técnicas agresivas o de ataque personal** que puedan molestar a los demás y que quizá fuercen a éstos a iniciar un ataque defensivo innecesario en lugar de escuchar la argumentación;

— **alentándolos a que ejerzan el derecho a una explicación** cuando está claro que no han entendido lo que la otra persona ha dicho;

— **advirtiéndoles cuando hagan presunciones** acerca de los conocimientos o sentimientos de la otra persona;

— **ayudándolos a que se den cuenta cuándo están actuando con el corazón y no con la cabeza;**

— **insistiéndoles en que cada parte tiene idéntico derecho a ser escuchada;**

— **señalándoles cuándo han movido los postes de la meta** y el debate ha tomado un nuevo derrotero;

— **enseñándoles a finalizar el debate** mediante el acuerdo de un tiempo límite para la discusión o la argumentación, y aconsejándoles, siempre que sea posible, que terminen con una nota amistosa o positiva (por ejemplo: «Bueno, le hemos dado una buena pasada al tema, y al menos, ha quedado bastante claro lo que piensa cada uno de nosotros», o: «Bien, de momento, acordemos que estamos en desacuerdo»), y

— **felicitándolos** cuando hayan argumentado bien. ¡Incluso cuando os hayan ganado el debate!

Hablar en público

Ésta es otra modalidad en la que los niños muy pequeños tienen pocas inhibiciones. Si en un parvulario el profesor pide un voluntario para leer o hablar a toda la clase, se verá inmediatamente inundado por una oleada de aspirantes a lectores u oradores. Pero si otro profesor hiciese la misma petición diez años más tarde, ¿cuántos ofrecimientos creéis vosotros que habría? Por la época en que los niños alcanzan la pubertad, no solamente han perdido su entusiasmo por hablar en público, sino que es muy probable que además sean completamente ineptos en el arte de la oratoria. Lo que muy a menudo sucede es que unos pocos (normalmente los más extrovertidos u osados) se erigen enseguida como «portavoces» de cualquier grupo del que formen parte. Como resultado de esto tienen una gran oportunidad para perfeccionar y desarrollar su habilidad para hablar en público. Todos los demás —incluso con potencial para ser más carismáticos y elocuentes— quedan relegados confiando en que nadie note su presencia.

Es por esto por lo que es importante que nosotros, como padres, estemos atentos a lo que les sucede a nuestros hijos en esta parcela de su desarrollo. Hoy en día, con las escuelas poniendo tanto énfasis en el aspecto oral de los trabajos y exámenes escolares, es esencial que vuestros hijos estén capacitados —incluso aunque creáis que están destinados a llevar una «vida tranquila»— para comunicar sus ideas y conocimientos al menos a pequeños grupos; de otro modo, lo más probable es que les cueste aprobar las asignaturas.

A no ser que vuestros hijos tengan grandes dificultades en este aspecto, si hacéis que observen y respeten las tres reglas de oro que se dan a continuación, no hay duda que alcanzarán un nivel bastante bueno.

Las tres «P» de oro de la locución en público

Si vuestros hijos (¡o vosotros!) os dirigís a tres o a trescientas personas, lo haréis cada vez con más autoconfianza y habilidad si procuráis

• Tener Práctica   • Estar Preparados   • Ser Positivos

Práctica

Poned de relieve a vuestros hijos que tener práctica es una de las principales claves para transmitir públicamente un punto de vista. Hacedles saber que, a menos que haya una buena razón física que los limite, *todo el mundo puede aprender* el arte de la oratoria, si bien puede haber algunos a los que les guste practicarlo más que a otros.

Y, en cuanto a vosotros, hay dos extremos importantes que debéis recordar con relación a la práctica:

a) cuanto más divertida sea, más aprenderán vuestros hijos;
b) cuanto antes comencéis, más fácil será para vosotros y para ellos.

Por tanto, aunque vuestros hijos sean todavía muy pequeños, pueden comenzar, por ejemplo, haciendo «representaciones» en casa para vosotros o participando en ciertas clases de juegos (por ejemplo, podéis decirles que estáis en la televisión o que tenéis un puesto en un mercado).

Y aunque me hago cargo de que esta clase de actividades os consumirá en principio gran parte de vuestras energías y de vuestro tiempo, no olvidéis que dichas actividades constituyen una inversión que hacéis en el desarrollo personal de vuestro hijo; inversión de la que no sólo se beneficiará él en el futuro, sino también vosotros. Por consiguiente, cuando oigáis la llamada del vídeo más tentadora que nunca, sólo tenéis que recordar lo mucho menos estresante y lo mucho más gratificante que sería para el resto de vuestra vida criar y educar a un hijo seguro de sí mismo.

A medida que vuestros hijos se hagan mayores, si todavía necesitan ayuda en este sentido, podéis muy bien aconsejarles que entren a formar parte de un taller de teatro o de cualquier otro grupo en el que tengan oportunidad de hablarle a la gente. Podríais, por ejemplo, escucharlos durante los ensayos de las representaciones de la escuela y, a medida que ganasen confianza en sí mismos, podríais grabarlos en cintas o en vídeos. (Cámaras de vídeo se pueden alquilar por un día a un precio muy razonable e incluso el coste podría ser soportado por varias familias.)

Preparación

Aseguraos de que vuestros hijos no se dejen atrapar por el mito de que sólo los oradores que hablan bien improvisando son los que verdaderamente tienen confianza en sí mismos. La inmensa mayoría de la gente que tiene autoconfianza pone especial cuidado en «pensar antes de hablar», y siempre se prepara lo mejor posible cuando tiene que hacer una presentación o dar una conferencia. Por tanto, procurad que desde muy pequeños vuestros hijos hagan lo mismo y no confíen en el caprichoso encanto de la facilidad de palabras.

Por vuestra parte es importante que no contéis con que los instructores o profesores de vuestros hijos serán capaces de prepararlos adecuadamente. Ya tengan que hablar a la clase de sus vacaciones de verano o ya tengan que hacer una presentación de un proyecto académico de investigación, vosotros podríais, por ejemplo, sacar tiempo para estimularlos (y, si es necesario, enseñarles) a cómo:

a) pensar seriamente y con originalidad acerca del tema;
b) considerar las necesidades e intereses del «público», y
c) redactar —junto con ayudas visuales— notas que sean claras, concisas y fáciles de leer.

Positivismo

Durante sus años escolares (y más tarde en su vida de adultos) vuestros hijos, sin duda alguna, se verán obligados a hablar en público sobre diversos temas que les resultarán aburridos (a la par que estarán convencidos de que los demás sentirán lo mismo). ¿Por qué no sugerirles entonces que aprovechen estas oportunidades para perfeccionar sus habilidades en lo relativo a presentaciones *positivas*, de modo que cuando hablen incluso de algo interesante puedan hacerlo con más pericia y seguridad en sí mismos?

Poned de relieve, sacando a colación algunos buenos ejemplos de la televisión, lo mucho más fácil e interesante que es escuchar a locutores que:

a) sonríen y parecen relajados;

b) utilizan un tono de voz fuerte y vivaz;

c) indican —bien a través de sus palabras, bien por medio de su mirada— que son conscientes de la presencia del público y que disfrutan hablándole; y

d) empiezan y terminan con una nota positiva (y no con las consabidas frases falsamente autodetractoras de «no quiero aburrirles más» o «presumo que ya estarán hartos de escuchar mi voz»).

Presentación personal

¡Mucho cuidado porque vamos a entrar en un campo de minas! Los desacuerdos entre generaciones en lo referente al aspecto personal y a los modales es algo tan inevitable como que la noche suceda al crepúsculo, así que haced acopio del mayor tacto posible para leer este capítulo.

Antes de adentrarme más en esta materia, quizá deba aclarar qué es lo que entiendo por presentación personal. Con esta expresión pretendo abarcar a toda esa gama de signos externos con los que —consciente o inconscientemente— nos decimos a nosotros mismos y al mundo en general: «Éste soy yo y esto es lo que soy.» Los niños transmiten este mensaje principalmente a través de su apariencia personal.

La presentación personal no sería algo tan preocupante para los que tratamos de ayudar a nuestros hijos en la cuestión de la autoconfianza si viviésemos en un mundo ideal, donde todo se aceptara y nada se enjuiciara; pero, nos guste o no la idea, todos juzgamos a los demás en gran medida por su aspecto externo. Es ésta una importante lección que debemos enseñar a nuestros hijos. Por otra parte, debemos también advertirles que pueden poner en peligro su autoconfianza interna si gastan demasiado tiempo y energías en acomodar su aspecto externo y sus modales para que complazcan e impresionen al mundo que los rodea.

Por tanto, ¿qué podemos hacer para que nuestros hijos caminen seguros por la delicada cuerda floja que hay entre su autoconfianza interna y externa?

- **Lenguaje corporal**. Enseñadles desde la más tierna edad lo importante que es y ayudadlos a ser conscientes de cuándo lo están usando adecuadamente y cuándo no.

- **Experimentación y elección**. Dadles la máxima libertad posible para experimentar y elegir, especialmente cuando son pequeños. Esto podría implicar para nosotros el abandono de unos pocos y muy acariciados sueños y resoluciones (por ejemplo: «Cuando tenga hijos, no les permitiré nunca que se pongan...»), y tolerarles que tomen sus propias decisiones sobre la ropa que se van a poner y la ocasión en que se la van a poner (si el dinero, el tiempo y las reglas del colegio lo permiten, ¡claro está!). Estas decisiones constituyen unos importantes medios con los que los niños descubren y expresan su identidad personal y sus valores; y podemos y debemos esperar que este proceso dure por lo menos hasta el final de la adolescencia. Deberíamos también recordar que la apariencia personal es uno de los pocos modos que los niños tienen para afirmar su separación de nosotros y, como tal, indefectiblemente se convertirá en un importante símbolo de independencia.

- **Conocimiento**. Antes de que los niños se puedan inclinar por un determinado estilo de apariencia personal, necesitan tener una cierta información a la que muchos adultos no prestan mucha atención (me refiero a convencionalismos sociales, costes relativos, diferentes calidades de materiales, etc.). Esto se les puede explicar cuidadosamente a los niños en términos sencillos; así tomarán decisiones con conocimiento de causa y evitaremos de este modo que sean humillados por adultos o hermanos y hermanas mayores que podrían partirse de risa por la candidez de las elecciones. (¿No sucede esto con demasiada frecuencia?)

• **Juicios y comentarios**. Éstos deben ser honestos y constructivos. No le hacemos ningún beneficio a la autoconfianza interna y externa de nuestros hijos si les hacemos «cumplidos gratuitos» («¡Estás muy guapo con cualquier cosa!»). También debemos recordar que hay que darles razones concretas de por qué no nos gusta o por qué aprobamos la elección que han hecho. Por ejemplo: «Si te pones eso, puede que no vayas adecuadamente vestido para la ocasión.» (En vez de: «¿Estás loco? Tú no puedes presentarte allí con esa pinta.») O bien: «Si tu escritura fuese más clara, el profesor la leería con más facilidad.» (En vez de: «No sé lo que va a hacer el profesor con este trabajo tan chapucero.»)

EJERCICIO

MEJORA DE LA COMUNICACIÓN Y PRESENTACIÓN

• Utilizando toda la información anterior como elemento de confrontación, determinad una acción práctica a tomar a lo largo del mes próximo con vistas a ayudar a vuestro hijo a ser más habilidoso y seguro de sí mismo para:

— Trabar conversación.
— Entrar en debate.
— Hablar delante de un grupo.

• Anotad algún tipo de comentario que podáis hacer a vuestro hijo sobre autopresentación (quizás hacerle un cumplido específico), o también algo práctico que podríais hacer para ayudarle a prestar más atención o a estar más interesado en su aspecto personal (revolver juntos vuestros respectivos roperos, un día tranquilo de compras, un libro sobre armonización de colores sacado de la biblioteca y que podáis leer juntos, etc.).

- Durante las próximas semanas, observad el uso que hace vuestro hijo del lenguaje corporal y comprobad si lo usa adecuadamente. Si no es así, pensad qué es lo que podríais hacer para corregirle (por ejemplo, ver juntos algunos programas de televisión y hacer observaciones sobre el lenguaje corporal; hacer las mismas observaciones, pero teniendo delante un tebeo o un libro ilustrado, etc.).

Sólo la gente superficial no juzga por las apariencias.
OSCAR WILDE

Capítulo 10

Asertividad

*S*I APRENDEMOS A SER asertivos, contaremos con la posibilidad de ser nosotros mismos, de defender nuestros propios derechos y de perseguir directa y enérgicamente lo que realmente queramos sin pisotear las necesidades y los derechos de los demás.

Si llegáis a integrar una práctica básica de asertividad en la vida diaria de vuestros hijos, vuestros esfuerzos no solamente fortalecerán su autoconfianza, sino que también provocarán que la convivencia con ellos sea mucho más fácil.

Aunque en los últimos años el término «asertivo» se ha llegado a usar con mucha liberalidad, todavía se confunde frecuentemente con modos de conducta que son más agresivos o incluso más pasivos. Si bien los tres modos básicos de conducta tienen sus usos y sus abusos, es el asertivo el más asiduamente empleado por la gente que tiene confianza en sí misma y es el que por ello deberíais exhortar a vuestros hijos a adoptar como *modus operandi* básico.

Si mientras leéis esto os vais dando cuenta de que no tenéis muy claro qué es lo que significa «ser asertivo», puede que el resumen que sigue sirva para clarificar las diferencias que existen entre los tres modos básicos de actitud y conducta.

Los modos de conducta: agresivo, pasivo y asertivo

Agresivo

Actitud básica: «Es duro y penoso abrirse camino en este mundo; ahora bien, yo soy la persona más importante que hay en él y estoy, además, preparada para llevarme por delante a todo aquél o a todo aquello que obstruya el camino que conduce a mi felicidad o éxito.»

Conducta típica: dominante, egoísta, enérgica, impetuosa, insensible, dañina, inflexible, jactanciosa, llena de prejuicios, inculpadora, punitiva y poco de fiar.

Pasivo

Actitud básica: «El mundo es un lugar terrible y difícil; los demás son más importantes y mejores que yo; así que tengo que complacerlos o parecer que los complazco.»

Conducta típica: mansa, aquiescente, condescendiente, sumisa, resignada, dócil, desvalida, autoinculpadora, autodestructiva, sufridora y manipulable.

Asertivo

Actitud básica: «El mundo es un lugar bueno para vivir y yo soy tan importante como pueda serlo el que más y, también como el que más, tengo derecho a tener éxito y a ser feliz.»

Conducta típica: respeto por uno mismo, mentalidad liberal, honesta, directa, expresiva, amiga del riesgo, equitativa, respetuosa, fiable, colaboradora, perseverante, innovadora y firme.

Si después de leer lo anterior comprobáis que aún tenéis muchas dudas, os aconsejo encarecidamente que por lo menos leáis algo antes de tratar de ayudar a vuestros hijos en este aspecto. Mi libro *Assert Yourself* dispone de un pequeño programa de autoayuda que puede servir como punto de partida.

Si estimáis que vuestro conocimiento en este campo es suficiente, a continuación encontraréis diversas formas de hacer que vuestros hijos desarrollen su asertividad.

Hacedles saber sus derechos

Para que vuestros hijos comiencen a aprender a comportarse asertivamente deben estar antes convencidos de que les asiste el *derecho* de hacerlo. Lamentablemente, estarán de continuo influidos por la creencia cultural aún predominante de que «niños sumisos y dóciles» es sinónimo de «niños buenos y agradables».

Mis derechos

Tengo derecho a:

- Pedir lo que necesito;
  — aunque la gente pueda decir que «no».
- Pedir ayuda;
  — aunque parezca que la gente está demasiado ocupada o no quiera ayudar.
- Tener ideas;
  — aunque la gente piense que son tontas.
- Tener sentimientos;
  — aunque la gente diga que no debería tenerlos.
- Tener errores;
  — especialmente cuando he tratado de hacer las cosas lo mejor que he podido.
- Intentarlo una y otra vez;
  — aunque la gente diga que nunca lo conseguiré.
- Cambiar de vez en cuando de parecer;
  — aun cuando la gente piense que no debería hacerlo.
- Tener algunos secretos;
  — a pesar de que la gente piense que debería contárselos o no ocultarles nada.
- Optar por estar a veces solo;
  — aun cuando los demás suelan estar siempre con alguien.
- Decir algunas veces «no»;
  — especialmente a extraños y a matones.
- Protestar cuando algo no sea justo;
  — aunque después tenga o no que hacerlo.
- Estar orgulloso cuando hago algo bien;
  — aunque a algunos les pueda molestar que lo hiciera mejor que ellos.

En la página 157 encontraréis una lista de algunos de los derechos que quizá tendréis necesidad de subrayar a vuestros hijos, ya que se trata de aquellos que, a mi entender, son más comúnmente violados o cuestionados. La ventaja de tener una lista como ésta estriba en que los derechos se aprenden con facilidad y pueden quedar firmemente inculcados en vuestra mente y en la de vuestros hijos. Cada derecho puede ser convenientemente «suplementado» o redefinido para que, si fuese necesario, sirva de apoyo o refuerzo. Por ejemplo:

— Si vuestra hija o vuestro hijo os dicen que no se atreven a pedirle al profesor una explicación por temor a ser tachados de estúpidos, podéis decirles: «Ten en cuenta que no hay obligación de saberlo todo.»
— Si observáis que vuestra hija o vuestro hijo se toman demasiado tiempo para tomar una decisión y sospecháis que tienen miedo a equivocarse, podéis entonces decirles: «No pasa nada si algunas veces te equivocas.»

Tened presente que cuanto más a menudo repitáis estos derechos a vuestros hijos, más posibilidades hay de que entren a formar parte de modo permanente de su sistema de creencias. Muchos adultos que han estado en mis cursos de prácticas de asertividad o de creación de autoconfianza han hecho que esta lista sea parte integrante de puertas de cuartos de baño, de armarios de cocina o de tableros de anuncios, porque estimaron que era de gran ayuda. Si tenéis una hija o un hijo imaginativos puede que les guste hacer un póster a todo color de su lista personal de derechos.

El contenido de la lista puede utilizarse tal cual o «traducirse» a un lenguaje que sea más adecuado para vuestros hijos en particular. (Por ejemplo, podéis sustituir «tengo derecho a...» por «está bien que...».) Si hacéis una nueva redacción de la lista, procurad hacer cada frase lo más concisa posible para que sea fácil de repetir y memorizar. Por favor, no tengáis reparos en modificar o aumentar la lista de acuerdo con las necesidades de vuestros hijos y con vuestros valores personales. Habréis observado que a continuación de cada uno de estos derechos he incluido una frase que refuerza o explica su significado. Cuando escribáis vuestra propia lista, podéis hacer algo similar si creéis que vuestros hijos lo encontrarán útil.

Enseñadles a pedir con eficacia lo que necesitan

Hay veces que los niños no formulan sus deseos de manera asertiva por la sencilla razón de que encuentran dificultades para expresar
lo que realmente quieren. Por tanto, si observáis que vuestros hijos
piden algo de forma agresiva o artera, en vez de responder con una
represión (por ejemplo: «¡No le apabulles!», o bien: «¡De ese modo
no vas a sacarme nada!»), sentaos cinco minutos con ellos para hablar
de lo que están tratando de decir.

Podéis ayudarlos a expresar sus peticiones de una forma más asertiva. Apuntadles que tienen más posibilidades de conseguir lo que
quieren (¡y de conservar a los amigos!) si tienen en cuenta lo que a continuación se dice.

Una petición *asertiva* es aquella que es:

— **directa**; o sea, no se anda por las ramas;
— **concisa**; o sea, no utiliza un gran número de palabras innecesarias;
— **educada**; esto es, que muestra respeto por la situación o sentimientos de la otra persona (por ejemplo: «Sé que realmente te
gusta ese juego, pero...», o bien: «Veo que estás ocupado,
papá, pero...»);
— **positiva** e indicativa —aunque sólo sea por el tono de voz— de
que esperáis conseguir lo que estáis pidiendo (y no digáis, por
ejemplo: «Sé que te vas a enfadar cuando te pida que...»);
— **no amenazadora** y que ni siquiera suponga un «velado» castigo
(«Me contrariaría mucho que tú no...»); y
— **no manipuladora** («La madre de John siempre...»).

Tan pronto como vuestros hijos tengan edad suficiente, podríais
también enseñarles la famosa técnica del «disco rayado», que les permitirá insistir en sus peticiones sin ponerse agresivos. Recalcadles que
este método no es la «panacea» que solucionará todos sus enfrenta-
mientos, sino más bien una manera de hacer valer su punto de vista sin
mostrar agresividad en situaciones en que estén seguros de que la razón
está de su parte. Decidles que si esto no da resultado, siempre pueden
tener la satisfacción de saber que han hecho todo lo que han podido y

que quizá sea la hora de que requieran vuestra ayuda o la de cualquier otra persona mayor.

El disco rayado

Técnica: repetir machaconamente una y otra vez lo que queréis sin tener en cuenta los argumentos o pretextos vanos que puedan oponer los demás.

Situación: Jane necesita con urgencia la falda que le prestó a su hermana la semana pasada (¡es la única prenda que va bien con lo que se va a poner!). Normalmente, estas peticiones suelen terminar en una encendida trifulca sin que la Jane de turno consiga lo que quiere. Observad lo eficaz que en esta situación «límite» puede ser el «disco rayado», aun cuando no sirva para dilucidar todas las apasionadas rivalidades familiares.

Jane: Por favor, ¿puedes devolverme la falda que me pediste prestada la semana pasada?

Rachel: ¿Para qué quieres que te la devuelva si tú nunca te la pones?

Jane: ¿Puedes devolverme la falda, por favor?

Rachel: Siempre necesitas lo que me prestas; ¿qué pasa entonces con los botines que cogiste de mi habitación?

Jane: ¿Puedes devolverme la falda, por favor?

Rachel: ¿Por qué dejas siempre las cosas para el último minuto? ¿No pudiste pensar anoche lo que te ibas a poner hoy?

Jane: ¿Puedes devolverme la falda, por favor?

Rachel: ¡Oh, está bien! te la daré, pero ¡no me pidas que te preste algo para esta noche!

Enseñadles que está bien llegar a un entendimiento

Nuestra sociedad pone tanto empeño en que los niños posean el sentido de la competencia y vayan siempre a «por todas», que quizá tengáis necesidad de contrarrestar estos mensajes explicándoles que la gente con autoconfianza no *siempre* tiene que ganar y que se sentirá igualmente ganadora si se las arregla para llegar a una solución concertada. La mejor forma de enseñarles a llegar a un entendimiento es permitirles que ensayen sus habilidades con vosotros. No obstante, conviene que dejéis muy claro desde el principio cuándo un asunto es negociable y cuándo no lo es y que, cuando lo es, tienen que dedicar tiempo a escuchar además de estar dispuestos a cambiar los postes de sus metas.

Enseñadles a dedicar y recibir elogios de manera asertiva

El intercambio asertivo de elogios es una cualidad muy importante de la gente segura de sí misma. A pesar del muy conocido mito de que si tenéis verdadera confianza en vosotros mismos no necesitáis elogios, éstos pueden ser unos útiles aditivos de motivación y estimulación a la propia autoafirmación de vuestros hijos.

Hasta los bebés saben recibir elogios y suelen aceptarlos con entusiasmo. Si elogiáis un retrato o un vestido de ellos, aunque no sepan traducir su agradecimiento en palabras, su semblante se inundará de alegría dando unas mudas gracias. Pero, en cuanto alcanzan la edad escolar, muchos niños se sentirán cohibidos e incómodos ante el más mínimo atisbo de elogio y, si pasan algunos años más, rechazarán los elogios —aunque los necesiten mucho— con «educadas» expresiones autodetractoras («Bueno, tampoco es lo mejor que he hecho») o con «devoluciones» del cumplido («Creo que el tuyo es mucho mejor»). Podéis llamarles la atención sobre este rechazo innecesario del elogio y sugerirles que en su lugar respondan sonrientes dando las gracias.

Estimuladlos a que sean generosos en la dedicación de elogios, pero advertidles que tengan cuidado de no caer en los malos hábitos que se describen a continuación.

La dedicación de elogios

Lista de comprobación de hábitos no asertivos

- **Incluir una observación autodetractora** que se extrae del mismo elogio. (Por ejemplo: «Eres realmente bueno en matemáticas; no como yo, que soy un desastre.»)
- **Incluir una observación detractora para la otra persona.** («¡Esto está muy bien!, lástima que no lo hicieras antes.»)
- **Desperdiciar el elogio** deslizándolo discretamente en una conversación o hacerlo en un momento o lugar inapropiado. Un ejemplo corriente de esto último es cuando la gente trata de animar a alguien con un elogio que no viene al caso. Si una amiga acaba de tener una mala nota en un examen y está trastornada, lo único que le gustaría oír es un comentario que sea solidario con su estado de ánimo («Debe ser decepcionante...»), por lo que todo elogio le podría resultar incluso molesto («... pero, no te preocupes, tú sabes mucho de geografía»).
- **Generalizar demasiado.** («Se te ve muy bien»; en lugar de: «Me gusta el peinado que llevas, realmente te sienta bien.»)
- **Ser demasiado efusivo;** lo cual puede provocar reparos en vez de una franca frase de agradecimiento. («Eres tan brillante en todo, que sorprendes a todo el mundo.»)
- **Ser indirecto** diciendo maravillas de una persona, pero no a ella directamente, sino a terceros. («Anoche le conté a Pete el fantástico gol que metiste.»)

Por último os tengo que decir que cuando animéis a vuestros hijos a hacer elogios asertivos, tenéis que hacerles saber que lo bueno de esto es que cuantos más elogios se hagan de los demás, más elogios harán de nosotros.

Enseñadles a hacer crítica constructiva y a aceptarla

Es éste un aspecto que realmente pone a prueba el grado de confianza que uno tiene en sí mismo. Aunque no podemos esperar que nuestros hijos desarrollen unas cualidades críticas muy sofisticadas, sí podemos estimularlos a que, en vez de malos hábitos, los adquieran buenos para que puedan valerse de ellos más adelante. He aquí algunos consejos que podéis compartir con vuestros hijos.

¿Cómo criticar de manera asertiva?

- **Encontrar el momento oportuno.** Podríais sacar a relucir este punto cuando, por ejemplo, vuestra hija o vuestro hijo comenzaran a criticaros en público o cuando estuvieseis demasiado ocupados para prestar atención. En este caso podríais sugerirles otro momento para hablar.
- **Incluid algo positivo.** Podríais aconsejarles a vuestros hijos que digan algo parecido a: «Me gusta jugar contigo, pero cuando tú...»
- **Mostrad consideración hacia la otra persona.** Inculcadles que es más probable que la gente asuma la crítica si le indicamos que comprendemos «su situación en el asunto»; por ejemplo: «Sé que es difícil siendo el más joven, pero...»
- **Tratad de una sola cosa cada vez.** Hacedles ver que tienen que resistirse a la tentación de sacar a colación todas las demás quejas que tengan.
- **Evitad las observaciones detractoras.** Debéis hacérselo saber cuando utilicen este tipo de observaciones y quizá mostrarles la lista de ejemplos que ocupa las páginas 108-110 de este libro.

- **Indicad las ventajas de un cambio.** Explicadles la «indiscutible verdad» de que las personas son en general más propicias al cambio si ven que de él se puede derivar alguna ventaja para ellas. (Por ejemplo: «Si dejas de coger mis cosas sin mi permiso, no me importará prestártelas de vez en cuando.»)

¿Cómo recibir la crítica con talante asertivo?

- **Pensad positivamente.** Recordadles que, aunque la crítica hiera y la persona que la haga pueda ser un «mal sujeto», casi siempre aprendemos algo útil de ella. Esto podría ayudarles a permanecer tranquilos y a escuchar con atención.
- **Mantened la calma.** Enseñadles cómo tienen que actuar para controlar su «instinto de lucha» cuando se sientan atacados por las palabras de alguien; para ello decidles que hagan dos o tres aspiraciones de aire profundas y lentas y que, además, hagan todo lo posible para aliviar cualquier tensión de sus músculos.
- **Tratad de ganar tiempo.** Ayudadlos a resistir la tentación de tomar inmediatamente una postura defensiva u ofensiva, *sobre todo* si creen que lo que les están diciendo es muy hiriente o injusto. Cuando se hagan mayores, podríais enseñarles una sencilla técnica relacionada con la asertividad llamada *fogging**y que describiré más adelante. Al principio encontrarán esta técnica un tanto extraña, ya que les dará la impresión de que le están dando la razón a la persona que hace la crítica; pero, si la practicáis juntos, pronto se darán cuenta de lo poderosa y útil que es. Aunque raramente la utilicen, sólo con saber que pueden hacer frente a este tipo de crítica, les dará más autoconfianza para ser ellos mismos y para hablar sin reservas incluso en presencia de algún «sabelotodo» o bravucón.

---

* Término de dudosa traducción derivado de la palabra inglesa *fog* que tiene los siguientes significados: niebla, neblina, bruma, confusión y perplejidad. *(N. del T.)*

Fogging: una técnica para hacer frente a la crítica injusta o no deseada

La técnica fogging *puede utilizarse cuando:*

- queráis ganar tiempo y tener ocasión de calmaros a fin de pensar lo que os han dicho para preparar vuestra respuesta;
- vuestro crítico haya escogido un momento o un lugar inadecuado (esto es, en presencia de otros amigos o justo en el instante en que os disponéis a salir para ir a una fiesta movida);
- seáis criticados por alguien cuya opinión no necesitáis o no os interesa escuchar (por ejemplo, una «amiga» o un conocido al que no tenéis ningún aprecio y que sólo os quiere herir), o
- sabéis que la persona que os critica no está en ese momento «de humor» y está siendo descaradamente injusta, por lo que decidís que no vale la pena molestarse por lo que está diciendo (es el típico caso del padre cansado que exagera la nota).

Cómo funciona

Consiste en responder a la persona que critica —varias veces, si es preciso— como si *aparentemente* estuvieseis de acuerdo con ella, dando a entender que *podría* haber algo de verdad en lo que está diciendo (si bien por dentro os estáis diciendo a vosotros mismos que dicha persona está equivocada o que ya pensaréis en el asunto en cuestión).

Resultado

¡La persona que critica se dará finalmente por vencida!

Ejemplos prácticos de la técnica fogging

Observad que las palabras que obedecen a la técnica *fogging* están en cursiva, mientras que las frases que uno mismo se dice para fomentar la autoconfianza van entre paréntesis.

Crítico A: «Siempre eres muy tacaño; nunca estás dispuesto a gastarte un duro.»

Respuesta: «Sí, *quizá* sea tacaño.» (Sé que esto no es verdad; soy muy desprendido y generoso cuando quiero.)

Crítico B: «Nunca quieres salir a ningún sitio; estás muy aburrido estos días.»

Respuesta: «*Puede ser* que ahora no salga tanto como solía.» (Tiene razón; cuando llegue a casa quizá deba pensar en la forma que estoy pasando mi tiempo.)

Crítico C: «Vosotros, los niños, sois todos iguales; no os importa nada molestar a los demás; te lo digo por esa música tan alta que retumba en toda la casa.»

Respuesta: «*Quizá tengas razón; puede* que la música esté un poco alta.» (Parece que está de mal humor porque la está tomando con todo el mundo. Sé que en el fondo no es esto lo que le molesta: soy considerado y la música está al mismo volumen que siempre.)

EJERCICIO
ESTIMULACIÓN DE LA ASERTIVIDAD

- Conjuntamente con vuestros hijos preparad una corta y concisa lista de derechos asertivos que les digan a ellos algo y que, tanto vosotros como los demás miembros de la familia, creáis que vale la pena respetar. Denunciad, a lo largo de toda la próxima semana, aquellos momentos y circunstancias en las que estos derechos sean o no respetados y alentad a vuestros hijos a que hagan lo mismo (ejemplos: «Tú no me lo has pedido»; «Estás pisoteando mi derecho a tener ideas»). Si hay motivo de debate, propiciad uno, pero que sea de estilo asertivo.

- Haceos la íntima promesa de comentar con vuestros hijos acerca de los elogios que intercambiéis durante toda la próxima semana. Si dejan pasar la ocasión de hacer elogios, informadles entonces de lo que podrían haber dicho (por ejemplo: «¿Por qué no le dices a Sarah que quieres jugar con ella porque es muy divertida?»).

- Animad a vuestros hijos a que os hagan alguna crítica constructiva (sobre vuestra forma de leerles un cuento, de cocinarles la comida, etcétera) y, si es necesario, ayudadlos a que os den la información de una manera asertiva.

Recordad:

La asertividad es una alternativa positiva y constructiva para la conducta pasiva o agresiva. Y aunque no pueda garantizar siempre unos buenos resultados, sí hace maravillas en cuanto a acrecentar la autoestima y el respeto mutuo.

Capítulo 11

¿Cómo ayudar a vuestros hijos a manejar sus sentimientos?

*E*STÁ TAN ÍNTIMAMENTE ligado el control de nuestros sentimientos con la autoconfianza, que a menudo utilizamos la misma palabra —frío— para adjetivar ambos estados. Ved si no cómo este vocablo tiene el mismo significado en estas dos frases:

Parecía tan *frío* de pie en el escenario

No se crispó en absoluto. Estuvo sereno y *frío* ante el problema

Quizás esta similitud de significados tenga su origen en la falsa creencia —muy común, por otra parte— de que la gente que tiene mucha confianza en sí misma tiende a ser fría y poco emocional. La verdad es que la gente muy segura de sí disfruta de sus sentimientos y los vive profundamente. Esta gente, asimismo, posee la facultad de expresarlos de manera libre y franca, si bien generalmente lo pone en práctica después de hacerse conscientemente el propósito de ser espontánea. Por otro lado, todas las personas que he conocido con problemas de autoconfianza tienen por lo menos un aspecto emocional que se escapa a su control.

En vez de intentar tocar toda la gama de emociones que los seres humanos somos capaces de sentir, he creído que sería más útil darle a este asunto un tratamiento más general.

En mi empeño de conseguir que otras personas y yo misma llegásemos a dominar de manera efectiva toda una variedad de sentimientos, me he dado cuenta de que hay un cierto número de áreas comunes que tendríamos que cultivar siempre. Sugeriría, además, que los padres se centraran en cada una de estas áreas, ya que sería de utilidad para ellos. Analizaré a continuación cada una de ellas por separado y añadiré algunas ideas sobre las acciones de tipo práctico que se pueden llevar a cabo.

Conciencia

Antes de enseñarles a controlarlas, los niños tienen que ser conscientes de que sienten las emociones. Esto puede sonar a perogrullada, pero la verdad es que en una sociedad como la nuestra —donde tanto énfasis se pone en que hay que vivir con la cabeza— los niños (los chicos y chicas del momento) siguen muy pronto los pasos de aquel que han elegido como modelo de comportamiento y llegan a sentirse —incluso a muy temprana edad— completamente desligados de sus emociones. Esto es aún más cierto en aquellos niños que han sufrido una serie de traumas o que viven en un ambiente especialmente represivo. Puede que para estos niños el grado de emoción que sientan sea «demasiado ardiente para manejarlo» e intuyen —correcta o erróneamente— que para los adultos que los rodean también; así que pronto aprenden instintivamente a protegerse a sí mismos incrustando de manera firme en su subconsciente ese sentimiento no deseado o no controlado.

En los tiempos que corren ya no necesitamos que Freud o Hitchcock nos digan el daño que los sentimientos reprimidos pueden causar; especialmente cuando estos sentimientos reprimidos logran abrirse paso violentamente a través de las defensas.

¿Qué podemos hacer?

1. Preguntar regularmente a nuestros hijos acerca de sus sentimientos.

2. Vigilar su lenguaje corporal por si vemos indicios no verbales de sus sentimientos y poder comentarlos con ellos. En esto no debéis

ser excesivamente intuitivos ni sacar conclusiones a la ligera; por ejemplo:

— «Te veo con el ceño fruncido; ¿estás preocupado por algo?» (En vez de: «Tienes el ceño fruncido; debes de estar preocupado.»)
— «Te he oído patear arriba; ¿ha pasado algo malo?» (En vez de: «¿Por qué eres tan alocado?»)

> *Lo que tengas en la cabeza no te confortará en un momento de crisis... La confianza en uno mismo nos llega de las sensaciones del cuerpo: él sabe lo que uno siente en un momento determinado.*
>
> MARION WOODMAN

3. Vigilar si se producen cambios en las pautas de conducta que pudiesen indicar que algún sentimiento ha sido reprimido. Observad que entre paréntesis sugiero un sentimiento; pero, aunque si bien para cada síntoma he escogido el que generalmente lo produce, esto no obsta para que pueda ser otro completamente distinto o una mezcla de varios. Por ejemplo:

— Resistencia a irse a la cama o asistir a la escuela (¿temor?).
— No separarse de un juguete o de cualquier otro elemento confortador —chupete, manta, etc.— (¿tristeza?).
— Aumento de obsesiones y rituales (¿ansiedad?).
— Conducta inusualmente destructora o recabadora de atención (¿celos?).
— Comer nerviosamente (¿preocupación?).
— Morderse las uñas, chuparse el pulgar, etc., más de lo normal (¿desamparo?).
— Pesadillas frecuentes (¿nerviosismo?).
— Mojar o manchar la cama (¿soledad?).
— Pertinaz obsesión por asuntos relacionados con la muerte o el suicidio (¿pesadumbre?).
— Hiperactividad (¿aburrimiento?).
— Matonismo y pelear con excesiva agresividad (¿resentimiento?).

— Soñar despierto y falta de atención (¿depresión?).
— Pintar o dibujar imágenes fantasmagóricas (¿enfado?).

> *Uno no puede captar simplemente escuchando el significado de una mirada sombría, de una ancha sonrisa o de una cara llorosa..., uno debe aprender a captar los significados de la conducta de un niño «sintonizando» con algo más que sus palabras.*

> DON DINKMEYER y GARY D. MCKAY

Derechos

Con bastante frecuencia los niños experimentan una cierta confusión porque no saben si deben o no tener un determinado sentimiento o en qué grado deben tenerlo. Esto obedece a que han estado recibiendo mensajes del mundo que los rodea en el sentido que ese sentimiento quizá sea:

— insignificante («No tengo tiempo para preocuparme por una tontería como ésa»);
— detestable («Los niños buenos no se enfadan cuando...»);
— autodestructivo («Si te excitas tanto te dará una cosa mala»);
— dañino para los demás («El escándalo que armas me está dando dolor de cabeza»);
— socialmente rechazable («¿Qué crees que pensarán los vecinos si te escuchan?»);
— perjudicial para su amor propio («Eres tan sensiblero»);
— no auténtico («Yo sé lo que realmente te pasa»);
— demasiado infantil («A un chico grande como tú no deben afectarle tonterías como ésas), o
— incomprensible («No comprendo por qué te sientes así cuando...»).

El derecho de los niños a experimentar sus propios sentimientos no debería ser dañado o maltratado de las formas que acabamos de reseñar, ya que podríamos causarle un perjuicio imperecedero a la confianza que tengan en sí mismos. *Cuando los niños empiezan a cuestio-*

nar su derecho a sentir, muy a menudo empiezan a cuestionar su derecho a existir.

¿Qué podemos hacer?

1. Que nuestros hijos sepan que tienen *derecho* a sentir *cualquier* tipo de emoción, en *cualquier* momento, en *cualquier* lugar y con *cualquier* persona, aun cuando ellos opten o se vean obligados a dominar de momento sus emociones o no comprendan inmediatamente por qué están sintiendo eso.

2. Procurar que las respuestas que les demos no se parezcan a las que acabamos de describir. (Muchas de ellas pueden estar alojadas en vuestro padre o madre «automática» sin vuestro consentimiento.)

3. Apoyarlos cuando alguien quebrante su derecho a experimentar sentimientos.

Expresión verbal

Es notablemente difícil expresar los sentimientos con palabras. De hecho, suelen transmitirse mejor a través de otros medios expresivos como la música o el arte. De todos modos, es importante que los niños aprendan a expresar lo mejor posible sus emociones en un lenguaje que pueda comprender la mayor parte de la gente de su entorno. La mutua participación de sentimientos es, a todas luces, fundamental para establecer esas relaciones íntimas y estrechas que hacen que nos sintamos especiales y que nos ayudan a apuntalar nuestra autoconfianza.

La expresión verbal es también importante si queremos ejercer un mejor control sobre nuestros sentimientos. Por ejemplo, cualquiera que, como yo, trabaje con gente que tenga problemas de enojo, depresión o ansiedad, sabe muy bien que el primer paso que hay que dar para ayudarla es encontrar palabras más exactas para describir el grado de sus sentimientos.

Éste es el punto de partida para poder controlar el aumento o disminución de sentimientos en las respuestas a ciertas situaciones, acciones o gente.

Desde luego, no estoy diciendo que sea necesario que tanto vosotros como vuestros hijos os convirtáis en un diccionario viviente, si bien *es* importante tener un grado razonable de expresión verbal en esto de los sentimientos.

¿Cómo podemos ayudar?

1. Haciendo un esfuerzo premeditado para enriquecer el lenguaje que usamos en la descripción de nuestros sentimientos.

2. Cuando nuestros hijos utilicen palabras genéricas, haciendo que sean más específicos, sugiriéndoles palabras o frases hasta que encuentren la correcta. Al hacer esto podéis muy bien descubrir que el verdadero sentimiento no es el que ellos —o vosotros— pensaban que era. Por ejemplo, la palabra «asustado» puede ser sinónimo de un poco atemorizado/fuertemente atemorizado/preocupado/aterrorizado/ligeramente angustiado/sentirse mal interiormente/estar nervioso/desbordado/indefenso/celoso, etc.

3. Realizando juegos que incrementen el vocabulario emocional de vuestros hijos. *Junior Scrabble* es el más indicado, pero podéis inven-

tar vuestro propio juego de asociación de palabras, el cual puede ame-
nizar un viaje en coche que de otro modo resultaría pesado. También
podríais utilizar programas aburridos de televisión para jugar a detectar en ellos un determinado número de sentimientos. No obstante,
hagáis lo que hagáis, no os creéis demasiadas dificultades con esta clase
de actividades aunque su finalidad sea muy seria, y tened en cuenta,
además, que algunos niños siempre serán mejores que otros a la hora
de aprender y utilizar el vocabulario.

Responsabilidad

Ayudarlos a responsabilizarse de sus sentimientos quizá sea una de
las cosas más importante que, en este aspecto, podéis hacer por vuestros hijos. Recordad que para hacer esto tenéis que subir una cuesta
muy empinada. Estaréis poniendo en evidencia la extendida, aunque
errónea, creencia de que muchos de nuestros estados emocionales son
inducidos y controlados por fuerzas ajenas a nosotros. Incluso vosotros
mismos podríais haber tenido la costumbre de «acusar» a vuestros
hijos de estar por su culpa felices/tristes/molestos/hartos o incluso
enfadados hasta la locura.

*La realidad es que ninguna persona, cosa o situación tiene el poder
de hacernos sentir una particular emoción a menos que nosotros se lo
consintamos.*

Paraos sólo a pensar en unos padres que ven a su hijo o a su hija
con un rotulador en la mano haciendo un maravilloso dibujo de un
gran gato en la pared de la sala de estar. Ambos se horrorizarían de este
hecho o ambos lo encontrarían igual de divertido, o puede ser también
que los dos tuviesen reacciones opuestas entre sí. La respuesta emocional de cada uno de estos padres a esta exhibición de gran talento
pictórico dependería de muchas variables, entre las que estarían la personalidad de él y la de ella y la cantidad de comida que estuviese en ese
momento alojada en el estómago de ambos.

La creencia de que los demás pueden ejercer un control emocional sobre nosotros puede ser extremadamente perjudicial para la autoconfianza de los niños. Podría conducirlos a depender en demasía de
los demás; por ejemplo, en manos ajenas estaría la posibilidad de que

ellos se sintiesen fuertes o felices; también podría dar lugar a que se fiaran poco de ellos mismos, ya que siempre tendrían la impresión de que alguien o algo tiene poder sobre los más importantes aspectos de su yo.

¿Cómo podemos ayudar?

1. Procurando que tus hijos tengan un concepto positivo de sus sentimientos (quizá, por ejemplo, tratando sus sentimientos con la misma consideración que empleamos con su intelecto). Si canalizamos los nuestros de forma saludable, podemos incluso hacer que vean los sentimientos negativos como enriquecedores, clarificadores y saludables.

2. Vigilando el lenguaje que utilizamos. Por ejemplo, utilizando un lenguaje que no achaque a los demás la responsabilidad de nuestros sentimientos:

— «Me preocupé mucho al ver que tardabas en llegar a casa.» (En vez de: «La preocupación por tu retraso me puso enfermo.»)
— «Me siento muy orgulloso de ti.» (En vez de: «Tú haces que me sienta muy orgulloso.»)
— «Me incomodé mucho cuando en la última salida te olvidaste de la compostura que hay que guardar en la mesa.» (En lugar de: «Tu falta de modales me hace enrojecer de vergüenza.»)
— «Me fastidia que dejes tus juguetes desparramados.» (En lugar de: «Tú y tus juguetes desparramados me estáis volviendo loco.»)

3. Ayudando a nuestros hijos a modificar su lenguaje cuando hayan adquirido la costumbre de «cargar a los demás con el mochuelo» de sus sentimientos y explicándoles las razones para ello.

4. Negándoos a asumir cualquier sentimiento que ellos puedan pretender transferiros tan pronto alcanzan la suficiente edad para comprender lo que están haciendo. Por ejemplo, cuando su enfado con el profesor o con un hermano menor lo expresan a través de una rabieta con vosotros («Tú eres el que me haces ir a la escuela», o «Tú eres la que lo trajiste al mundo»).

Liberación de los sentimientos

Si exhortamos a nuestros hijos a asumir la responsabilidad de sus sentimientos, también debemos estar preparados para ayudarlos —en caso necesario— a aprender y a practicar formas seguras y constructivas de darles salida.

Cuando cualquiera de nosotros empieza a sentir una emoción, inmediatamente se produce en nuestro cuerpo un cambio químico cuya finalidad no es otra que ayudarnos a darle un desahogo físico al sentimiento. Por ejemplo:

— reír y chillar cuando estamos felices o excitados;
— dar abrazos y besos cuando nos sentimos cariñosos;
— risitas tontas y sonrojos cuando estamos desconcertados;
— sollozos y lágrimas cuando nos sentimos tristes o ultrajados;
— temblores y gritos cuando estamos asustados, o
— gruñidos y pataleos cuando estamos frustrados o enfadados.

La inmensa mayoría de los niños pequeños no tienen problemas para expresar sus sentimientos; aunque los condicionamientos culturales pronto amortiguan la espontaneidad de casi todos ellos. Si quieren vivir con alguna comodidad en nuestra sociedad, no tienen más remedio que hacerlo así hasta un cierto punto.

Pero ¿hasta qué punto? Con harta frecuencia descubro en mis cursos sobre autoconfianza que mucha gente, simplemente, no sabe cuándo tiene que pisar el «pedal del freno» de las emociones. Sí sabe que lo está empleando mal por las reacciones adversas que provoca, pero no tiene ni la más ligera idea de cómo utilizarlo «correctamente». En nuestra sociedad se asume muy a menudo que los niños aprenderán las técnicas emocionales de manera natural a base de mirar a los demás o por el procedimiento de ensayo y error. El resultado es que muchos niños no aciertan con este aprendizaje, bien porque sus modelos a imitar elegidos no son peritos en la materia, o bien porque están bajo la influencia de una mezcla confusa de normas y reglas procedentes de varias culturas (por ejemplo, escuela *versus* hogar; hogar *versus* otros hogares o, incluso, papá *versus* mamá).

Aunque no podemos evitar del todo que los niños cometan «disparates» con sus sentimientos, ni tampoco plantarle cara a los muchos adultos que reprimen en exceso su espontaneidad, sí tenemos, sin embargo, la responsabilidad de guiarlos cualquiera que sea la sabiduría de que dispongamos. Como mínimo, esto aumentará su conciencia de la importancia que tiene la liberación de las emociones.

¿Qué podemos hacer?

1. Inculcadles que la liberación de los sentimientos es algo natural y vivificante, y que reprimirlos demasiado y con mucha frecuencia puede ser perjudicial tanto para la salud mental como para la física. Utilizando ejemplos sacados, a poder ser, de vuestra propia experiencia, decidles, por ejemplo, que:

— los dolores de cabeza pueden ser causados por una frustración no liberada;
— la sinusitis, por lágrimas no vertidas;
— los retortijones de tripa, por una excitación o ansiedad no expresada;
— una pelea entre dos personas puede ir a mayores debido a una acumulación de cólera no liberada;
— un ataque de pánico puede surgir por un temor solapado, o
— una depresión puede estar originada por una irritación o un hastío reprimido.

(Si veis que vuestro conocimiento en esta materia no es muy extenso, hay muchos libros publicados que os podrían ayudar. No obstante, si os dais cuenta de que el asunto os viene grande, podéis recurrir entonces a la ayuda de un asesor profesional o uniros a un grupo de ayuda mutua.)

2.   Enseñadles que, en ciertas ocasiones, tenemos que *posponer* o dominar la liberación física de nuestros sentimientos a fin de llevar adelante lo que nos proponemos hacer de forma que no ofenda, hiera o moleste a los demás. (Las situaciones que escojáis como explicación dependerán, por supuesto, de la edad y personalidad de vuestro hijo, de la cultura en la que esté inmerso y de los valores con los que viváis.)

3. Animadles y mostradles de qué modo pueden dar salida a sus sentimientos en un lugar discreto e indicadles las formas de hacerlo (por ejemplo, arrojando cojines, gritando con una almohada tapándoles la boca, jugando a un juego violento, cantando, bailando, etc.).

Control

Ya hemos analizado lo importante que es para los niños tener conciencia de que pueden necesitar refrenar la exteriorización de sus sentimientos. Y es también importante darles instrucciones de cómo recuperar el control físico hasta que no encuentren un lugar discreto o apropiado para dar rienda suelta a sus sentimientos. Esto puede consistir en *adoctrinarlos* sobre cómo tienen ellos mismos que calmarse, y no limitarnos solamente a decirles que tienen que hacerlo.

¿Qué podemos hacer?

1. Experimentad realizando juntos actividades tranquilizadoras y determinad cuál de ellas es más efectiva para cada uno de vuestros hijos. Podéis daros cuenta de que un paseo relaja a unos y solivianta a otros, o que una brillante pieza musical hace maravillas con todos.

2. Enseñadles algunos sencillos ejercicios respiratorios y de relajamiento, pero no olvidéis que deben practicarlos mucho. En cualquier libro sobre el tratamiento del estrés podréis escoger un cierto número de estos ejercicios; no obstante, si estáis escasos de ideas en este sentido, encontraréis algunas interesantes en el libro de David Lewis *Helping Your Anxious Child*.

3. Haced que utilicen su imaginación para evocar imágenes que, por asociación, los ayudarán instantáneamente a alcanzar el estado emocional que necesiten o deseen. Tratad de emplear imágenes que tengan una significación muy personal para cada niño. Por ejemplo:

Relajación: — Una desmadejada muñeca de trapo tendida en una cama.
— Patos nadando en el parque de la ciudad.
— La mascota preferida tomando el sol sobre la hierba.

Ánimo: — Superwoman o Superman volando a través del
espacio.
— El gato de la familia arqueando el lomo.
— Martin Luther King dando un discurso.

Cuando tengáis tiempo, ayudad a vuestros hijos a estar preparados
para una ocasión en la que puedan necesitar un control aún mayor de
sus sentimientos y enseñadles la técnica denominada «fantasía dirigida». Esta técnica os permitirá «programar» su mente con una imagen de ellos mismos bajo un completo control emocional. He aquí un
ejemplo.

Técnica de la fantasía dirigida

Propósito

Hacer que vuestros hijos se preparen emocionalmente para un
acontecimiento que creáis (o crean ellos) que es difícil de afrontar o
superar, y que queráis que lo hagan con calma y seguros de sí mismos
(por ejemplo, un examen, un partido, una fiesta, el ingreso en una
nueva escuela, enfrentarse a las bromas de un pequeño matón, hacer
preguntas en clase, etc.).

Desarrollo

Haced que vuestro hijo se tienda y cierre los ojos. Podéis usar una
música tranquila o poner en marcha una cinta con sonidos agradables
(trinos de pájaros, por ejemplo). A continuación, dedicad unos cinco
minutos a que alcance un relajamiento físico profundo.

Una vez que comprobéis que está bastante relajado, habladle con
voz suave de todo el acontecimiento como si estuviese sucediendo en
ese preciso momento. Pedidle a vuestro hijo que use su imaginación
para crear una imagen mental de él mismo haciendo con calma y seguridad lo que tuviera que hacer. Muchas veces es bueno comenzar la
visualización al comienzo del día señalado, para que así el niño posea

una imagen propia de un despertar con talante positivo y permanezca tranquilo todo el tiempo que preceda al acontecimiento. El número de detalles que utilicéis y el tiempo que dediquéis a la visualización deben estar en consonancia con la edad y la personalidad de cada niño; aunque, para que la técnica sea efectiva, yo aconsejaría que como mínimo tardarais diez minutos.

Aunque la hora de irse a la cama pueda parecer que es un buen momento para realizar este ejercicio, es probable que comprobéis que, cuando vuestro hijo está cansado, no le es fácil relajarse. En este caso sería probablemente mejor hacerlo a una hora más temprana del día, si bien tendríais que recordarle la visualización justo antes de acostarse.

Ejemplo

> *Imagínate que hoy es martes. Te despiertas por la mañana y recuerdas que es el día en que tienes que hacer el examen... Te sientes bien porque sabes que has trabajado mucho y que lo vas a hacer bien... Faltan pocos minutos para que comience el examen..., así que haces unas largas, agradables y profundas inspiraciones de aire y te sientes muy tranquilo y seguro de ti mismo... Mira ahora cómo escribes... Lo estás haciendo muy bien a pesar de que una de las preguntas parecía al principio muy difícil... Ahora ya has terminado... Fíjate lo contento que estás por haber hecho tan bien todo el examen y por lo tranquilo y seguro que has estado todo el rato.*

EJERCICIO
CONTROL DE LOS SENTIMIENTOS

- Imaginaos una de esas situaciones en la que vuestro hijo sea propenso a sentir miedo (por ejemplo, pasar a un nuevo curso en la escuela, ir por vez primera a una discoteca, etc.). Usando lo anterior como elemento de confrontación, anotad lo que podríais decirle para ayudarle:

— Clarificad el conocimiento de vuestro hijo con respecto al sentimiento.

— Mostrad respeto por el derecho que le asiste a experimentar el sentimiento.
— Haced que exprese verbalmente su experiencia del sentimiento.
— Haced que se responsabilice del sentimiento.
— Animadle a que haga una adecuada exteriorización de la tensión.
— Haced que controle los síntomas físicos.

• Repetid lo anterior, pero esta vez centrándoos en una situación en la que vuestro hijo podría sentir o haya sentido:

— pesadumbre,
— intensa excitación,
— celos, o
— enojo.

• Para que os familiaricéis con ella, practicad con vuestro hijo la técnica de la «fantasía dirigida» y analizad después si ya sabéis cómo y cuándo tendríais necesidad de aplicarla.

> *Todos nuestros sentimientos no son más que un frenesí de reacciones bioquímicas en nuestro cerebro que podemos hacer estallar hacia fuera en cualquier momento. Pero antes tenemos que aprender a controlarlos de manera consciente, en vez de vivir sujetos a sus efectos.*
>
> ANTHONY ROBBINS

> *Sabemos mucho y sentimos poco.*
>
> BERTRAND RUSSELL

Capítulo 12
Solución positiva de problemas

«Una infancia libre de preocupaciones es una infancia feliz.»

¿Estáis o no de acuerdo?

QUIZÁ QUERÁIS matizar esta generalización un tanto gratuita; no obstante, yo diría que la mayoría de nosotros llevamos anclada esta creencia en alguna parte de nuestro subconsciente debido a que está firmemente arraigada en la moderna cultura de la crianza y educación de los hijos. Por esta razón, pensamos, por ejemplo, que tenemos el deber de proteger a nuestros hijos incluso de las normales inquietudes que nos depara el diario transcurrir de nuestra vida, por lo que nos abstenemos de hablar de nuestras preocupaciones en su presencia o les damos unos regalos más costosos que lo que nos permiten nuestros bolsillos.

No podéis ser valientes si sólo os han sucedido cosas maravillosas.
MARY TYLER MOORE

Porque todos sabemos lo importante que es para el desarrollo de la salud mental tener una sensación básica de seguridad, ningún padre desea, por supuesto, que los primeros años de la vida de sus hijos estén repletos de problemas sobre los que los niños no tengan control alguno. Si bien esto es cierto, no es menos cierto que una niñez desprovista de contratiempos no puede ser la preparación psicológica ideal para vivir en un mundo que innegablemente es complicado e injusto.

Como terapeuta, abrigo un buen número de serias reservas acerca del mito de «la niñez libre de preocupaciones», ya que poseo demasiadas pruebas de que puede conducir a:

— una sobreprotección, la cual priva a los niños de la oportunidad de aprender a enfrentarse a los problemas;
— la desaparición del potencial creativo de los niños, el cual muchas veces se estimula por el deseo de buscar nuevas soluciones a los problemas;
— la impresión de que la vida está —o puede estar— libre de contratiempos, cuando decididamente no es así. Esta contradicción motiva que los niños se pregunten qué es lo que falla en ellos cuando experimentan normales temores y preocupaciones;
— al desarrollo del hábito emocionalmente nocivo de reprimir los sentimientos negativos;
— al aplazamiento de la solución de los problemas hasta que se alcanza un punto de crisis insostenible a partir del cual tanto los hijos como los padres determinan (quizá justificadamente) que ya es completamente inadecuado abordar la solución;
— al desmoronamiento de la conducta parental positiva de aquellos padres que están enteramente volcados en proporcionar a sus hijos una infancia «suficientemente buena», pero que en todo momento creen que lo que están haciendo es inadecuado y terminan convirtiéndose en unos padres hiperangustiados o resentidos.

No es la calidad ni la cantidad de los problemas que tienen los niños lo que perjudica su autoconfianza y daña su salud mental, sino la forma en que se traten dichos problemas.

Por tanto, ¿cuál es la mejor manera de ayudar a nuestros hijos a que hagan un uso constructivo de las dificultades con que se tropiecen? Obviamente, una manera muy importante es que nos vean como un *modelo* perfecto a la hora de solucionar problemas. Esto incluso en muchas ocasiones no es bastante y, de hecho, nuestra propia competencia puede muy bien ser a veces contraproducente: primero, porque nos creamos tan listos, valerosos, perseverantes, imaginativos, etc., que se nos puede antojar como algo tentadoramente fácil correr en ayuda de nuestros hijos y solventarles sus problemas; y, segundo, porque nuestros vástagos pueden quedar deslumbrados por nuestra brillante intervención y darse a la vida fácil y regalada.

Como padres que pretendemos ayudar a nuestros hijos en este aspecto de su desarrollo, veremos que hay formas eficaces de hacerlo.

A la larga, evitar el peligro no es más seguro que la abierta exposición al mismo. El pusilánime termina por caer tantas veces como el osado.

HELEN KELLER

1. Adopción de una actitud positiva

Esto es particularmente importante si parece que vuestra hija o vuestro hijo están perdiendo confianza en su capacidad para solucionar problemas, o si tenéis tendencia a ser hiperangustiados o sobreprotectores, así como a utilizar la escoba para meter demasiada «basura» debajo de la alfombra.

Podéis tomar medidas para mantener a vuestro padre o madre «automática», a vuestras «conductas automáticas», dentro de un contexto mental positivo, repitiéndoos con regularidad las siguientes frases y utilizándolas luego como charla reflexiva de apoyo cuando veáis que vuestra hija o vuestro hijo están «sufriendo» con un problema:

- Los niños pueden ser emocionalmente curados de cualquier trauma si el caso en cuestión es tratado de forma positiva y constructiva.
- Los niños pueden ser fortalecidos psicológicamente mediante la experiencia de afrontar las dificultades.
- Los niños pueden aprender valiosas técnicas de supervivencia a través del proceso que lleva a la solución de problemas.

2. Apropiada implicación por nuestra parte

Al igual que sucede con cualquier otro conocimiento práctico, como mejor se aprende a solucionar problemas es avanzando gradualmente, paso a paso, puesto que así el éxito que tengamos en cada paso incrementará nuestra confianza para abordar el próximo que podría ser de una dificultad ligeramente superior. Si bien no podemos siempre determinar la cadencia con la que los problemas irrumpen en la vida de nuestros hijos, sí podemos en muchas ocasiones determinar el nivel de responsabilidad que les daremos para que resuelvan sus propias dificultades.

> *Con harta frecuencia damos a los niños respuestas para recordar y no problemas para resolver.*
>
> ROGER LEWIN

Cuando nuestros hijos son todavía unos bebés es natural que asumamos toda la responsabilidad de sus problemas, pero, por la época en que alcanzan su más avanzada adolescencia, nuestro papel ha evolucionado *gradualmente* hasta ser el de unos doctos observadores a los que se acude cuando hay necesidad de ayuda o apoyo. La velocidad de este proceso viene dada por la madurez y las aptitudes de cada niño y por la naturaleza de los problemas planteados. Por esta razón podemos vernos ayudando más a una determinada niña o niño que a sus hermanos de la misma edad. Cada niño tiene su propia personalidad y diferentes niveles de experiencia y estrés en su vida. (No obstante, las presunciones sobre la capacidad para solucionar problemas de la más joven o del más joven de la familia o de hijos con discapacidades pueden estar a menudo tergiversadas, en parte porque estos niños suelen simular ser más maduros y competentes de lo que en realidad son.)

Así que antes de empezar a ayudar a un niño, haced abstracción de lo que Billy o Angie (o incluso vosotros) hicieron para afrontar un problema parecido y preguntaos lo siguiente:

- ¿Pertenece este problema enteramente a la niña o al niño o tengo yo u otras personas la responsabilidad de solucionarlo, ya sea por completo o en parte?
- ¿Qué grado de conocimiento o experiencia aporta esta niña o este niño en particular a este problema en concreto?
- ¿Qué posibilidad de éxito tienen ella o él si los dejamos solos ante el problema? (Si os sirve de ayuda, podéis utilizar una escala del uno al diez.)

3.   Prestación de ayuda

Aunque decidamos dar un gran paso atrás y permanecer en un segundo plano a fin de permitir a nuestros hijos que busquen sus propias soluciones, aún tendremos que desempeñar un importante papel de sostén y apoyo. Tendremos que dar ánimos, ser paño de lágrimas o, simplemente, dar la seguridad de que estamos ahí, esperando el momento de celebrar o lamentar el desenlace.

Espero que ya tengáis con vuestros hijos esa clase de relación que les dé la impresión de que los estáis aplaudiendo y de que permaneceréis a su lado cualquiera que sea el resultado final, pero ¿podéis dar esto siempre por hecho? Cuando los niños se sienten muy angustiados por un problema pueden, y a menudo lo hacen, «olvidarse» de que estamos a su lado para asistirlos. Esto pasa generalmente cuando se tachan de «estúpidos» porque les está costando resolver un problema «sin importancia» y han visto que, al parecer, todos lo han resuelto sin dificultad. (¿Recordáis vuestra lucha con los cordones de los zapatos?)

Por tanto, si veis que vuestros hijos están tratando de resolver cualquier problema que tengan, preguntaos si les habéis comunicado claramente vuestro apoyo de una o varias de estas formas:

— solidarizándoos con sus sentimientos («Veo que la cosa es preocupante/atemorizante/emocionante, etc.»);
— dedicándoles una sonrisa o dándoles un abrazo o un apretón de manos;
— llevándoles un refresco o una taza de té;
— enviándoles una postal o una nota de buena suerte;
— diciéndoles que haréis tiempo para estar con ellos por si acaso necesitan vuestra ayuda, o
— mostrándoles la anotación que habéis hecho en vuestro diario o en el calendario de la familia sobre ese momento especial.

4. Enseñanza de estrategias sobre la solución de problemas

La mayoría de los adultos tienen sus propias estrategias para la solución de problemas, aunque ellos no les den ese nombre. Seguramente se referirán a ellas como «sentido común», «trucos del oficio», «remedios milagrosos de la abuela», «mi manera de hacer las cosas» o incluso como «lo que me han enseñado los duros golpes de la vida».

Lo que mucha gente no tiene en cuenta, sin embargo, es que los niños no nacen con este tipo de sabiduría; pero, aunque así fuese, nos parecería algo secundario. Además, en estos tiempos tan ajetreados que corren, no disponemos de muchas ocasiones para transmitir a otros las estrategias que hemos probado y errado. Así que procurad tener tiempo para: *a)* clarificar vuestras estrategias ante vosotros mismos y transmitirlas en términos que sean fácilmente comprensibles para vuestros hijos, y *b)* ¡compartir el secreto!

Si creéis que necesitáis conocer algunas otras estrategias referentes a la solución de problemas, hay muchos buenos libros en el mercado que os podrían servir de ayuda. En mi anterior libro, *The Positive Woman*, hay varias sencillas estrategias que podríais utilizar, particularmente con los niños mayores (entre ellas la «tormenta de ideas», la «planificación mental» y «afronta la realidad»). Otras buenas fuentes para conocer estrategias relativas a la solución de problemas son los muchos libros de autoayuda que hay publicados sobre campos problemáticos específicos.

Pero, por el momento, veamos una nueva estrategia denominada START [COMENZAR], que podríais tener interés en aplicar. La he desarrollado con vistas a que podáis hacer que una niña o un niño que se sientan abrumados y sumamente angustiados, puedan dar algunos pasos constructivos hacia adelante en el camino que conduce a la solución de los problemas.

También contribuirá a que vuestra hija o vuestro hijo miren con buenos ojos el desafío que representa el problema, especialmente si sugiere una recompensa final. Se puede utilizar del mismo modo, tanto con problemas pequeños como con otros más grandes y complejos. Podríais comenzar utilizándola con un problema que compartáis con vuestros hijos; así empezaréis trabajando juntos para luego animarlos a que la utilicen ellos solos.

La dilación es la ladrona del tiempo.

EDWARD YOUNG

START puede utilizarse como base para una charla informal o para un plan de acción escrito. (Recordad que las investigaciones han demostrado que somos más propensos a llevar a cabo las cosas cuando media un compromiso por escrito.)

En los apartados que siguen describiré todos y cada uno de los pasos de esta estrategia a los que seguirán unos ejemplos prácticos.

START:
Una estrategia para la solución de problemas destinada
a los niños

La palabra START [COMENZAR] está formada por las iniciales de las cinco palabras inglesas * que se utilizan para facilitar a los niños la memorización de los cinco pasos básicos que hay que dar para solucionar un problema con confianza y éxito.

S	T	A	R	T
P	H	C	E	R
E	I	T	V	E
A	N		I	A
K	K		E	T
			W	

C	O	M	E	N	Z	A	R
H	P	A	R	P
A	E	C	E	R
B	N	T	V	R
L	S	U	I	E
A	A	A	S	M
R	R	R	A	I
			R	A
				R

Speak (Hablar)

«*Un problema compartido es un problema reducido a la mitad.*»

Este proverbio es otra pequeña muestra de esa sabiduría popular de la que tenemos que procurar que nuestros hijos saquen algún provecho. Más niños de los que nos imaginamos guardan sus problemas para ellos o «actúan al compás de ellos» (esto es, pegándole a un hermano más pequeño, negándose ir a la cama, rompiendo cosas en la escuela, etc.). Por consiguiente, el primer paso es animarlos a que

---

* Como START es un acrónimo compuesto por las iniciales de cinco palabras inglesas, para respetar la coherencia del texto original en inglés dichas palabras aparecerán en su lengua acompañadas de su correspondiente traducción. Ésta es la razón de que figuren dos cuadros, uno inglés y otro en castellano. *(N. del T.)*

hablen de lo que les preocupa o acongoja con alguien con quien se sientan a gusto. La mayoría de las veces es muy probable que este alguien seáis vosotros, pero si el problema es *uno de vosotros* o si por alguna razón no quisieran compartirlo con uno de sus padres, instadlos a que expongan el asunto a alguien más, aunque ello suponga que tengan que desahogarse con vuestra pareja, con un amigo, con la abuela o con un profesor.

Confiemos en que cualquiera que sea la persona que escojan, sea alguien que también les dé esperanza y ánimo y que los ayude a dar los pasos necesarios para resolver el problema; no obstante, quizá tendríais que explicarles que podrían tropezarse con unas pocas personas de este mundo que no hayan leído este capítulo.

Think (Pensar)

Este paso tiene por finalidad hacer que los niños recuerden —antes de decidir qué es lo que van o no van a hacer— que tienen que darse tiempo para pensar con sosiego sobre los diferentes aspectos de su problema. Podéis sugerirles o recordarles formas prácticas de aclarar su pensamiento y de buscar nuevas ideas. Éstas pueden variar enormemente de acuerdo con la edad y la aptitud de vuestros hijos, pero podrían ser de este tenor:

— Hacer un dibujo.
— Hacer una lista de «cosas buenas» y otra de «cosas malas».
— Representar lo anterior en términos más concretos utilizando como símbolos juguetes y otros objetos.
— Improvisar una pequeña comedia o redactar una historieta sobre el problema dándole diversos finales.
— Utilizar las técnicas «tormenta de ideas» o «planificación mental».
— Ir a la biblioteca para hacer alguna investigación y tomar notas.

Animándolos a abordar algunas de estas «actividades de reflexión», ayudaréis a vuestros hijos a desprenderse de su actitud «infantil» un tanto emocional para cambiarla por una actitud de «adulto», la cual constituye la parte más apropiada de nuestra personalidad para la solución de problemas (¿recordáis el análisis del capítulo segundo sobre personalidad?). La mayoría de los niños experimentan un aumento en su autoconfianza cuando hacen esta permuta, ya que se sienten de inmediato más «maduros» y menos impotentes.

Act (Actuar)

El problema que está bien formulado está medio resuelto.

CHARLES KETTERING

Esta etapa consiste en conseguir que vuestros hijos preparen un plan de acción de carácter práctico en el que se ponga claramente de relieve lo siguiente:

- **La meta a largo plazo**. Aquí se reseñará lo más concisamente posible el resultado deseado, pero no olvidéis que esta meta tiene que ser factible y tener una cronología realista.
- **Las metas a corto plazo**. Estas metas son vitales porque incluso los adultos están más dispuestos a culminar un plan de acción si pueden dar *inmediatamente* algunos pasos cortos hacia el objetivo final. Procurad que estas metas sean muy concretas, de forma que se puedan medir los logros con facilidad y tened, además, cuidado de no establecer demasiadas.

Review (Revisar)

Incluso los más disciplinados trabajan generalmente con más diligencia para resolver un problema si los progresos que hacen son controlados por alguien que tenga un genuino interés por ellos y por el resultado. (Éste es el principio que subyace en los programas de aquellos centros que con más éxito solucionan problemas de obesidad o alcoholismo —Controladores de Peso y Alcohólicos Anónimos, entre otros—, principio que actualmente está siendo adoptado también por algunos colegios.)

Recordad, sin embargo, que las regañinas o una vigilancia demasiado rígida por parte de los padres pueden tener efectos contraproducentes. Así que, tras explicar los beneficios que reporta alguna clase de revisión (quizá con un ejemplo extraído de vuestra propia experiencia), tendréis que determinar con vuestros hijos qué clase de comprobación de progreso sería la más apropiada. Si prefieren que sea alguien distinto a uno de vosotros quien realice esta función (por ejemplo, una amiga, una profesora o vuestra pareja), aseguraos de que esté previsto en su plan de acción tener contactos con esta persona.

Instadles a que ellos también efectúen su propia revisión sugiriéndoles métodos para hacerlo, como, por ejemplo, hacer anotaciones en un diario, colocar un gráfico en la pared de su dormitorio o pegar en un panel notas recordatorias de colores llamativos.

Treat (Premiar)

Es en esta etapa cuando determináis una recompensa, bien por resolver el problema, o bien, cosa muy importante, por el «gran esfuerzo» desarrollado en caso de un avance lento o un fracaso. Aunque solucionar algunos problemas pueda ser divertido y gratificante de por sí, no creo que lleguemos alguna vez a pensar en que siempre será así. La mayoría de las veces caemos en un estado de desesperación cuando incluso hasta nuestras metas a corto plazo nos parecen imposibles de alcanzar y empieza a flaquear por ello nuestra autoconfianza. Así que, aunque tener un premio en perspectiva no siempre produce los efectos de una zanahoria mágica, recordar de vez en cuando que el premio está ahí puede ser muy estimulante para la mayoría de los niños.

Cuando establezcáis los premios, aseguraos de que son apropiados y no «desmedidos». Para la mayoría de los niños la promesa de pasar un rato especial con sus padres, suele ser muy efectiva; otros niños, en cambio, podrían necesitar tener algo más concreto a lo que aspirar, como, por ejemplo, un jarro de cristal lleno de monedas destinadas a comprar alguna cosa que les guste.

Procurad siempre que el niño reciba el premio aun cuando el hecho de llegar a la solución del problema parezca ya de por sí bastante gratificante. La costumbre de darnos nosotros mismos regularmente premios es tan esencial para la creación y acrecentamiento de la autoconfianza, que estoy convencida que es preferible errar por exceso que por defecto.

Ejemplos de cómo utilizar la estrategia START

Por favor, tened en cuenta que lo que sigue son unos simples ejemplos de cómo emplear la estrategia. Dichos ejemplos no se presentan con el propósito de que sean utilizados como pautas para abordar problemas similares en el caso de que vuestra niña o vuestro niño los tengan: cada niña o cada niño y situación deben ser tratados con criterio individual.

PROBLEMA A: MALAS NOTAS ESCOLARES:

Un niño de diez años está preocupado por el informe del colegio, el cual indica que este semestre ha fallado en varias asignaturas y que, al parecer, ha perdido confianza en sus facultades.

Speak (Hablar)

Sus padres podrían animarle a que hablase acerca de sus sentimientos (¿de desesperación?, ¿de enfado?) y comentarle que hubo un tiempo en que ellos sintieron lo mismo, y de qué forma esa situación afectó a su aprovechamiento escolar. Durante la charla se pone en evidencia que el niño se siente inferior cuando se compara con su hermano mayor.

Think (Pensar)

Sus padres podrían ayudarle a:

— preparar una lista de sus «mejores» y «peores» momentos;
— darse cuenta de cuándo comienza a perder la confianza en su capacidad para hacer las cosas bien. ¿Puede tener esto conexión con algún suceso significativo? (Por ejemplo: porque su hermano mayor pasara a una escuela de grado superior, porque su mamá cambiara de trabajo o porque no fuera seleccionado para el equipo de rugby);
— anotar qué asignaturas se le dan bien y en cuáles tiene dificultades y comparar esto con los puntos fuertes y débiles de su hermano; o
— analizar cómo se siente y actúa con los diferentes profesores.

Act (Actuar)

Meta a largo plazo: una mejora de un 5 por 100 en las notas en la fecha en que se emita el próximo informe.

Acciones a corto plazo:

— hablar mañana con su hermano para decirle cómo se siente y pedirle ayuda con las matemáticas;
— hacer este fin de semana una nueva programación de sus deberes escolares;
— confeccionar una lista de las seis mejores cosas que tenga que lograr y hacer con ella un póster para su habitación, dejando espacio para añadir nuevas cosas cada cierto tiempo; y
— concertar una entrevista para que papá o mamá hablen con el jefe de estudios a fin de que él reciba una ayuda adicional en la escuela. Hacer que uno de ellos vea además al profesor de lengua.

Review (Revisión)

— Hablar cada sábado después del desayuno sobre lo conseguido y añadir nuevos logros al póster.
— Ver de nuevo a los profesores dentro de seis semanas.

Treat (Premio)

— Visitar con la familia un parque temático o asistir a un partido de rugby con el hermano.

PROBLEMA B: BROMAS POR LLEVAR GAFAS:

Una niña de seis años parece que se está volviendo más vergonzosa y más reacia a ir a las casas de otras personas desde que le prescribieron unas gafas.

Speak (Hablar)

Mientras expresaba sus sentimientos por tener que usar gafas se descubre que había sido persistentemente objeto de bromas.

Think (Pensar)

Sus padres podrían ayudarla a:

— contar cuántos han sido los niños «tontos» y «desaprensivos» que se han metido con ella y cuántos han sido los otros muchos que no lo han hecho.
— hacer una lista de la gente agradable que conoce y que lleva gafas.
— pensar lo que todas estas personas dirían si alguien se metiese con ellas.

Act (Actuar)

Meta a largo plazo: «Por Navidades tengo que haber acumulado el suficiente coraje para llevar las gafas todos los días y hacer caso omiso de cualquier broma que me puedan hacer.»

Acciones a corto plazo:

— practicar mañana mismo cómo contestar a los bromistas (ensayar las respuestas con papá o mamá, o hacer una pequeña representación con los amigos);
— comprar un osito diminuto con gafas para que lo lleve en el bolsillo, le hable y le infunda valor (o hacer un dibujo de uno para colocarlo al lado de su cama);
— usar gafas un poco más cada día durante toda la próxima semana, y
— si las bromas no han remitido dentro de un mes, papá o mamá hablarán con los padres o con los profesores.

Review (Revisión)

Decírselo a papá o mamá cada vez que alguien se meta con ella.
Por cada hora que a lo largo del mes próximo lleve las gafas se echará una moneda en un tarro de cristal.

Treat (Premio)

Cuando transcurra el mes, mamá y papá doblarán la suma de dinero del tarro y la llevarán de tiendas para que pueda gastarla en algo que le guste especialmente.

PROBLEMA C: ANSIEDAD COMO CONSECUENCIA DE UNA SENSIBLE PÉRDIDA

Un niño de ocho años tiene pesadillas y se está volviendo demasiado miedoso: incluso cruzar la calle se convierte para él en algo horrible. Insiste, además, en que le dejen encendida la luz por las noches. Todo esto preocupa a los padres dado que en vacaciones se irá de acampada.

Speak (Hablar)

Sus padres podrían motivarle para que hable de todas las cosas de las que tiene miedo; al mismo tiempo, ellos le comunicarán todas aquellas cosas que les infundieron espanto cuando eran niños. Movido por esto, él comenzará a hablar sobre la muerte de su abuelo ocurrida pocos meses antes; con ello, los padres descubren que esta pérdida ha provocado en él un verdadero miedo a los fantasmas y una angustia general asociada con la muerte.

Think (Pensar)

Sus padres podrían ayudarle a:

— hacer una lista de algunos de los recuerdos más entrañables que guarde de su abuelo;
— pensar lo que hubiese dicho su abuelo si se hubiese encontrado un fantasma en su habitación, y
— pensar en todas las cosas y las personas que cuidan de él, para que se sienta a salvo y también para que se olvide de sus temores sobre la muerte.

Act (Actuar)

Meta a largo plazo: ir al campamento de verano.
Acciones a corto plazo:

— enmarcar la lista de recuerdos especiales de su abuelo junto con una foto del mismo, colocarla en la sala de estar y darle las buenas noches antes de irse a la cama;
— tener la luz apagada mañana por la noche durante diez minutos, permanecer despierto pero con los ojos cerrados, imaginándose que la habitación está llena de esas cosas y personas que le dan «seguridad», y
— repetir todas las noches el ejercicio de la «luz apagada» durante una semana o diez días, añadiendo cinco minutos cada noche.

Review (Revisión)

Hacer un pequeño cartel para colocarlo al lado de la cama en la que vosotros y él podáis anotar su progreso día a día o semana a semana.

Treat (Premio)

Comprarle algo especial que pueda llevar al campamento de verano.

PROBLEMA D: SOLEDAD Y AISLAMIENTO SOCIAL

Una niña de catorce años, tras reñir hace un mes con su mejor amiga, se recluye en casa hasta un grado que inspira preocupación.

Speak (Hablar)

Alguien (los padres o una amiga) podría ayudarla a que hablase sobre su enfado por el abandono sufrido y hacerle ver lo bueno que sería que llorase por esta mala acción. La hija reconoce que siente verdadero pánico de ir al club o a cualquier otro sitio en el que pudiese estar esa chica con sus nuevas amigas.

Think (Pensar)

Podrían entonces:
— preparar una lista de todas las cosas buenas y malas que le hubiese reportado esa amistad;
— pensar qué clase de amistad necesitaría ahora, y
— pensar si hay alguien en la escuela o en el club a quien ella le gustaría conocer mejor.

Act (Actuar)

Meta a largo plazo: tener una nueva amiga o amigas para el próximo semestre.

Acciones a corto plazo:

— salir una vez por semana;
— hacer un póster con derechos asertivos (véase pág. 157);
— realizar algunos ejercicios de relajación y utilizar una cinta de *visualización dirigida*, a fin de conseguir valor para la fiesta de fin de curso.

Review (Revisar)

Hablar de nuevo dentro de un mes.

Treat (Premio)

Ir de tiendas para comprar una nueva falda para la fiesta.

EJERCICIO
SOLUCIÓN DE PROBLEMAS

- Relacionad los tres principales problemas que hayáis tenido en vuestra vida y anotad al lado de cada uno de ellos: *a)* cualquier resultado positivo inesperado, y *b)* algo que creáis que habéis aprendido al afrontar ese problema.
- Practicad con la estrategia START, bien aplicándola a un problema real que vuestra hija o vuestro hijo tengan actualmente, o bien a uno hipotético que temáis que puedan tener.

Los problemas son oportunidades en uniforme de trabajo.

HENRY J. KAISER

Capítulo 13

¿Cómo afrontar situaciones conflictivas?

> *Así es como yo lo veo: si quieres arco iris tienes que apechugar con la lluvia.*
>
> DOLLY PARTON

... *S*i vosotros verdaderamente queréis hijos seguros de sí mismos, no os queda otro remedio que apechugar con las situaciones conflictivas.

No obstante, podemos transformar los conflictos que tengamos con nuestros hijos en oportunidades para crear autoconfianza. La mayoría de la gente sólo se fija (puesto que quizá sea lo que sufra) en el aspecto negativo de los conflictos porque destruyen la autoestima y las relaciones personales armoniosas. Si ya habéis comenzado a poner en práctica la filosofía y las ideas que se esbozan en lo que resta de este libro, tendréis —eso espero— una actitud mucho más positiva sobre las desavenencias con vuestros hijos y las encontraréis mucho más fáciles de manejar y mucho más constructivas en sus resultados.

Con relación a la creación de autoconfianza, existen tres importantes preguntas que deberíamos hacernos constantemente cuando estamos en conflicto con nuestros hijos:

1. ¿Es la atmósfera de fondo propicia para un desenlace constructivo?
2. ¿Son conducidas las crisis con energía y habilidad?
3. ¿Se negocian rutinariamente las soluciones con justicia y sensibilidad?

Atmósfera propicia

Cualquiera que esté educando hijos de acuerdo con los principios básicos ya tratados en este libro es probable que esté en el cauce «ambiental» correcto. En una familia de esta índole esperaríamos encontrar las siguientes características claves:

— respeto por la individualidad;
— comprensión y solidaridad entre sus miembros;
— conciencia de sí mismo;
— tolerancia de las imperfecciones;
— libertad para cometer errores;
— disposición al cambio;
— mentalidad positiva;
— tratamiento efectivo del estrés;
— valores, reglas y responsabilidades claras;
— comunicación asertiva y directa;
— expresión franca de unos sentimientos bien controlados, y
— estrategias para la solución de problemas.

Cuando leéis esta lista, ¿qué imagen veis?, ¿la de un hogar, o la de un envidiable trozo de cielo?

No importa que no hayáis podido todavía alcanzar las nubes, por lo menos vuestros hijos sabrán que lo estáis intentando y esto será suficiente para que, al saber que forman parte de un «equipo» que trabaja unido con buen espíritu hacia un ideal común, aumente su autoconfianza. A medida que se vayan haciendo mayores, podéis alentarlos a que adquieran más responsabilidades en el mantenimiento de una atmósfera que propicie un tratamiento abierto y positivo de las desavenencias.

Sobre todo en épocas de discordias, he podido comprobar que mis hijas —cuando les conviene— son unas astutas cumplidoras de ciertas normas. («¿No puede la gente cometer errores?», o bien: «Yo pensé que teníamos que decir lo que sentimos.») Hacer que los adultos tengan de vez en cuando una cura de humildad puede ser muy positivo para un niño relativamente desvalido; ahora bien, para que nadie se sienta «más papista que el Papa», podíais colgar la siguiente sentencia en la pared de la cocina:

Es razonable tener la perfección ante nuestros ojos para que podamos avanzar siempre hacia ella, aunque sepamos que nunca la alcanzaremos.

SAMUEL JOHNSON

Manejo de las crisis

Las crisis son incómodas, pero pueden ser muy positivas. Tengo entendido que la palabra que los chinos tienen para crisis está compuesta de dos caracteres: uno que representa «peligro» y otro que representa «oportunidad».

Las crisis conflictivas entre padres e hijos pueden adquirir muchas formas diferentes, desde las rabietas infantiles en el supermercado hasta las histerias adolescentes delante de extraños sobre la hora de llegar por las noches a casa. No hay ninguna fórmula mágica para hacer frente a esto, pero si observamos las cuatro reglas generales y básicas que aparecen a continuación podremos capear la mayoría de los temporales sin que la autoconfianza de *nadie* se sienta seriamente resentida.

1. Mantener la cólera bajo control.
2. Evitar el castigo o la amenaza del mismo.
3. Retrasar la resolución de las diferencias.
4. Expresar con autoridad las necesidades y dar alternativas claras.

Veamos una por una estas cuatro reglas.

Mantener la cólera bajo control

Cierto grado de cólera, ya sea leve indignación o furia desatada, es un acompañamiento inevitable de las crisis conflictivas. Y aunque yo personalmente soy una *fan* entusiasta de esta temida y maligna emoción (porque valoro sus propiedades catárticas naturales y sus funciones autoprotectoras), creo también que debe ser tratada con *sumo* cuidado cuando el desacuerdo se produce entre un adulto y un niño. No podemos esperar que los niños —incluso aquéllos físicamente fuertes como para defenderse de un padre colérico— tengan la fortaleza emocional o la habilidad necesaria para hacer frente a esta difícil emoción. Por tanto, *es vital que nosotros, como padres, asumamos la mayor porción de responsabilidad en el tratamiento que por* ambas partes *se le dé a la cólera durante un conflicto.*

Si durante las situaciones conflictivas, tanto vosotros como vuestros hijos encontráis habitualmente difícil controlar la cólera, yo os recomendaría que hicierais en este sentido algún trabajo de autodesarrollo. Mi libro *Managing Anger* establece un modelo para el tratamiento de esta emoción de forma asertiva y segura, y contiene muchos ejercicios y estrategias diseñadas para ayudaros a ejercer sobre ella un control más efectivo, así como para estimular a los demás a hacer lo mismo.

He aquí un ejemplo de una de las estrategias que podríais utilizar para calmar vuestra cólera, y la de vuestros hijos, si veis que durante el transcurso de una discusión tanto vosotros como ellos estáis perdiendo los estribos.

Don't	Get	Too	Boiling's Strategy*
I	R	E	R
S	O	N	E
T	U	S	A
A	N	I	T
N	D	O	H
C		N	E
E			

La estrategia de «no te sofoques demasiado»			
D	T	T	R
I	I	E	E
S	E	N	S
T	R	S	P
A	R	I	I
N	A	Ó	R
C		N	A
I			C
A			I
			Ó
			N

Las iniciales de cada una de las palabras inglesas que componen la frase pueden servir de recordatorio para los cuatro pasos que hay que dar.

---

* Para respetar la coherencia con el texto original, las palabras inglesas que componen la frase que da nombre a la estrategia en cuestión *(don't get too boiling)* aparecen en inglés acompañadas de un cuadro con su traducción correspondiente.

- *Distance* (Distancia)

Si veis que en vosotros o en vuestros hijos se ha originado una respuesta fisiológica de cólera, inmediatamente deberíais disponeros —hasta que ambas partes os hayáis calmado— a mantener por encima de todo una prudente distancia entre vosotros y ellos. Pensad que la cólera es una pasión contagiosa, ya que si prende en una persona, es más que probable que a la otra le ocurra lo mismo y, aunque la persona en cuestión se la guarde para sí, puede aún causar estragos. Procurad que el distanciamiento no dé pie a que vuestros hijos piensen que los habéis abandonado, o a que vean en esa lejanía una forma de castigo. Esto quiere decir que debéis manteneros a una distancia en la que un niño pequeño pueda veros u oíros y sólo hasta el momento que os hayáis calmado.

La forma de establecer este distanciamiento variará según el niño y vuestro entorno; pero, por ejemplo, podría ser una de éstas:

— pasar el bebé a otra persona para que lo sostenga;
— poner al pequeño en un parque de juegos o en un sitio apartado de la habitación;
— separándoos del niño pequeño por medio de una puerta con cristal de seguridad;
— pidiéndole a vuestra pareja que se haga cargo de la situación mientras os dais un paseo, o
— enviando a tu hijo adolescente a su habitación por espacio de una hora.

- *Ground* (Tierra)

El objeto de este paso es hacer que la persona enojada vuelva a poner los «pies en la tierra». Podéis hacer esto agarrando fuertemente un objeto inanimado que sea lo suficientemente fuerte y seguro, lo cual demostrará a vuestros hijos que vuestra posición es firme. (Vuestro ejemplo servirá para que, a su vez, ellos aprendan a imitar esta forma de comportamiento.)

Además de esto o como alternativa, concentrad vuestro pensamiento en algo físico que os rodee (por ejemplo, contad los objetos azules que hay en la habitación o animad a vuestro hijo o a vuestra hija a que recurran al tan socorrido truco de contar hasta diez).

• *Tension* (Tensión)

Es importante recordar que es la subida de tensión que acompaña a la cólera lo que hace peligrosa esta emoción. De aquí que sea importante que encontréis un procedimiento seguro e inocuo para disminuir esta tensión.

Esto se puede hacer de los modos siguientes:

— si el lugar en el que estáis lo permite, utilizando una voz potente y un lenguaje colorista (no tiene por qué ser agresivo);

— gruñendo y gritando, si la habitación está adecuadamente insonorizada;

— pateando el suelo, sacudiendo las muñecas y desperezándoos (esto es, realizando acciones que *no* sean *intimidatorias*), o

— golpeando un saco de boxeo o dándole patadas a un balón o a un cojín.

Siempre que vuestros hijos traten de aliviar su tensión de modo no conveniente, en vez de decirles que dejen de hacerlo, enseñadles un método alternativo.

• *Breathe* (Respiración)

Una vez aliviada la tensión, es importante hacer volver al cuerpo a su estado «natural». El mejor modo de hacer esto en una crisis es efectuar una serie de lentas y profundas aspiraciones y espiraciones. Esto puede ser incluso más efectivo si al mismo tiempo se visualiza una escena apacible. Podéis recordar a vuestros hijos su símbolo favorito de relajación personal (véase pág. 179) o estimularlos a que realicen una actividad que sabéis que tiene efectos calmantes. Tendréis que hacer tanteos para descubrir qué es lo que va mejor para vosotros y para vuestros hijos; por lo que a mí concierne, sé que cuando estoy enojada, escuchar una sedante y tranquila música no me hace nada y, sin embargo, limpiar la cocina de arriba abajo, ¡me relaja una barbaridad!

Evitar el castigo

Cualquiera que sean vuestros puntos de vista sobre las ventajas del castigo, evitad aplicarlo en el calor de una crisis; porque, si hacéis uso de él, lo mejor que puede ocurrir es que resulte ineficaz y, lo peor, es que sea altamente perjudicial. (Incluso el «sopapo ligero» cae dentro de esta categoría y se ha ganado su reputación curativa más bien por su gran poder para aliviar la tensión de los padres que por sus beneficiosos efectos sobre niños díscolos.)

Recordad que vuestro objetivo principal es que ambas partes lleguen a un estado mental de calma y razón, de forma que podáis resolver el conflicto de manera efectiva. Utilizar vuestra mayor pujanza o recursos para castigar a un niño relativamente indefenso *en lugar de* buscar una solución, sólo avivará más el enojo del niño y lo sumergirá en un paralizante estado de temor o de asfixiante resentimiento.

Asimismo, deberíamos siempre evitar amenazar con castigos, ya que la mayoría de las veces no se hace caso de las amenazas y es muy probable que se las «echen a la espalda».

Incluso las amenazas que he oído en sitios públicos, las cuales muy a menudo contienen advertencias degradantes o posibilidades amedrentadoras, lo único que pueden hacer es menoscabar la autoconfianza. («No vale la pena que me moleste por ti; lo que queda de viaje haré como si no existieras», o bien: «Cuando estemos en casa, ya te daré yo para que no lo hagas más.») Me espanta pensar qué es lo que se hace o se dice en la intimidad de los hogares de estas familias.

> *El defecto que el niño no corrige es aquél por el que es más castigado.*
>
> CESARE BECCARIA (¡1738-1794!)

Retrasar la resolución

Los niños pedirán siempre una solución inmediata y muchos padres estresados buscarán una también; pero, por regla general, esto no es posible, ya que la resolución democrática de desavenencias requiere tiempo y calma, además de mentes juiciosas para pensar y hablar largo y tendido del asunto en cuestión.

Así que ganad tiempo utilizando una *observación que reconozca de entrada los deseos o necesidades* del niño («Sé que tú quieres que...», «Comprendo que estés agitado, pero...») acompañada, si es preciso, de la técnica del «disco rayado» (véase la pág. 160) para repetir tranquila y machaconamente una y otra vez que hablaréis de «ello más tarde, cuando..., y que por ahora esto (o aquello) es lo que se va a hacer y no hay más que hablar».

Expresar necesidades y dar opciones

Expresar asertivamente las necesidades y dar opciones son alternativas a las súplicas patéticas, los requerimientos desesperados y las amenazas vacías que muchos de nosotros utilizamos cuando tratamos de meter en cintura a nuestros hijos. Estas necesidades y opciones deben ser expresadas de forma concisa y en un tono de voz amistoso aunque autoritario, además de ser repetidas con tranquilidad una y otra vez, sin atender a las protestas, hasta que el niño dé su brazo a torcer o comprenda las consecuencias que le podría acarrear una desobediencia. Utilizar el nombre «habitual» del niño (y no aquél reservado especialmente para los momentos de enfado) demuestra respeto y hace más impacto.

He aquí algunos ejemplos de lo que se puede decir después de que ambas partes se hayan tranquilizado. Observen que también se han incluido expresiones que toman en consideración los deseos del niño, junto con promesas de negociaciones futuras.

«John, sé que crees que es injusto, y hablaremos de ello otra vez mañana, pero ahora debes irte a la cama. Tienes dos opciones: irte ahora mismo por propia voluntad o que te suba yo a la fuerza.»

«Katie, sé que estás viendo un programa, pero tu habitación necesita que alguien la ordene ahora mismo, porque, como ya te dije antes, esta mañana voy a cambiar la ropa de la cama. Puedes hacerlo ahora y tener una habitación limpia y ordenada, o dejar que se vaya ensuciando cada vez más.»

«Ben, aunque sé que te sientes frustrado, no voy hablar ahora contigo de lo que pasa en la familia de Jim. Esta noche quiero que vuelvas a las ocho en punto. Puedes escoger entre dos cosas: volver a la hora que te he dicho o no salir esta noche. Hablaremos más sobre esto este fin de semana.»

Aunque no sea inmediatamente obvio, la disciplina y la rectitud constituyen una forma de querer y de cuidar. Los niños necesitan saber qué es lo que está bien y qué es lo que está mal, y tienen que tener claramente determinados los límites de su conducta.

Doctor JOHN PEARCE

Negociaciones justas

Los niños necesitan cariño especialmente cuando no lo merecen.

HAROLD S. HERBERT

Los adultos tenemos que tener siempre presente que llevamos las de ganar cuando negociamos con los niños la resolución de un conflicto. No tenemos que olvidar el hecho de que ellos:

— no se expresarán tan bien como nosotros;
— no estarán tan preparados para controlar los sentimientos;
— no serán lo bastante conscientes para comprender las razones que hay detrás de los sentimientos o de las conductas;
— no tendrán suficiente experiencia de la vida para valorar las consecuencias de algunas acciones o actitudes, y
— no apreciarán el valor de los gestos de reconciliación y de las disculpas.

Esto quiere decir que no estamos en igualdad de condiciones en la mesa de negociación y que tenemos que *dar más de lo que recibamos,* incluso después de hacerles partícipes de nuestra superior sabiduría y de enseñarles las necesarias pautas sociales de comportamiento.

Y ya en un plano más específico: si tenemos interés en utilizar los conflictos para acrecentar la autoconfianza de nuestros hijos, así como encontrar soluciones a los mismos, debemos estar, por regla general, preparados —aunque se trate de adolescentes— para llevar a cabo lo siguiente:

- Hacer el primer gesto de acercamiento y propiciar una charla.
- Ser los primeros en presentar una disculpa.
- Indicarles que su posición y sentimientos nos causan respeto y que deseamos sinceramente escuchar su punto de vista. Esto puede ir acompañado, si es posible, de un comentario o una observación positiva. (Por ejemplo: «Me consta que cuando no hemos estado de acuerdo otras veces, se te han ocurrido algunas buenas ideas», o bien: «Sé que también estás preocupado por lo de tu hermano.»)
- Antes de que empecemos con nuestras críticas, animarlos —asegurándoles que no ocurrirá nada— a que expresen sus sentimientos negativos hacia nosotros.
- Describir el problema de un modo objetivo y no amenazante (por ejemplo: «Parece ser que hay un malentendido sobre...», o bien: «Al parecer hay intereses encontrados acerca de...») y preguntarles si están de acuerdo.
- Hacer preguntas y sugerencias (basadas en nuestra *intuición*) que hagan que nuestros hijos comprendan las causas más intrincadas que hay detrás del conflicto (por ejemplo, soledad, lucha generacional, celos, aburrimiento, comunicación confusa, etc.).
- Ayudar a nuestros hijos a exponer con talante asertivo sus argumentos y sugerencias en el caso de que se deslicen hacia un comportamiento agresivo o sean demasiado pasivos.
- Defender —utilizando un lenguaje comprensible aunque no de condescendiente superioridad— los valores y reglas que no sean negociables y expresar con claridad las consecuencias de su no cumplimiento (y estad preparados a insistir sobre esto todo lo que sea necesario).
- Hacerles una demostración de cómo deben pedir disculpas por

los errores cometidos y de cómo deben retractarse con gallardía de argumentos que emplearon y que resultaron ser ilógicos, injustos o anticuados.

- Enseñarles a nuestros hijos cómo deben enmendar las ofensas inferidas a otras personas o los destrozos causados a alguna cosa.

- Conducir la negociación a una conclusión positiva cuando una de las partes esté demasiado cansada o excitada para continuar, así como fijar una próxima reunión. («Bueno, me alegra que hayamos comenzado a hablar, pero dejemos esto hasta mañana por la mañana y así tendremos ambos más tiempo para pensar.»)

- Hacer el «resumen final» esbozando cualquier nuevo acuerdo o estableciendo un nuevo *statu quo*, así como concretando lo que cada cual ha aprendido y ganado del conflicto.

EJERCICIO
AFRONTAR SITUACIONES CONFLICTIVAS

- Reflexionad sobre un conflicto en particular que hayáis tenido recientemente con vuestro hijo. ¿Podría haberse llevado a cabo de forma más positiva y constructiva? Releed este capítulo con detenimiento y, a medida que vayáis avanzando, tomad algunas notas que os den idea de cómo podríais haber manejado la situación de un modo diferente.

- Comentad con vuestra pareja o amigos los problemas que tengáis con respecto a las desavenencias con vuestros hijos y pedidles su parecer sobre vuestras ideas.

- Si vuestros hijos tienen edad suficiente, tened una charla con ellos acerca de las conclusiones a las que habéis llegado y tratad de negociar un modo mejor de manejar un conflicto similar si ocurriese en el futuro.

- Conjuntamente con vuestros hijos, haced un póster con la estrategia de «no te sofoques demasiado» y colgadlo en un lugar destacado. Recordaos mutuamente echarle una mirada de vez en cuando.

Pelearse es mucho mejor que pretender que no estáis divididos.

M. SCOTT PECK

Capítulo 14
Vuelo al mundo exterior

Hay sólo dos legados duraderos que esperamos hacer a nuestros hijos: uno de ellos, raíces; el otro, alas.

HODDING CARTER

*L*A MAYOR PARTE de este libro se ha dedicado a dar a nuestros hijos esas «raíces» a las cuales se refería Hodding Carter y sólo un capítulo se ha reservado para hablar de las alas.

Si los padres son sanos desde el punto de vista anímico y si han hecho un buen trabajo en cuanto a establecer las «raíces» de la autoconfianza de sus hijos, a cada niño le crecerán las alas con toda naturalidad y al ritmo adecuado. No obstante, hay un cierto número de medidas a tomar —incluso aunque no tengamos control sobre la dirección del vuelo o sobre las tormentas que hay en el horizonte y que tendrán que arrostrar— si queremos asegurarnos de que nuestros hijos vuelen hacia el mundo exterior de la forma más fácil posible.

He aquí algunas de las principales medidas que como padres podemos tomar para hacer que nuestros hijos utilicen sus alas con la mayor autoconfianza.

Ser un modelo alentador

Nuestra primera responsabilidad es, por supuesto, contribuir a que el mundo exterior parezca un interesante y atractivo lugar digno de volar hacia él. Estamos ante otra área en la cual nuestras acciones dicen mucho más que las palabras. Si nuestros hijos nos ven como ejemplo de personas que tienen confianza en el mundo y que disfrutan con sus desafíos, así como de sus seguros y agradables refugios, se sentirán impelidos a probarlo por ellos mismos.

Ampliación del horizonte

No es bueno que la imagen que vuestros hijos tengan del mundo esté confinada durante mucho tiempo a su propio hogar. Para evitar esto tenéis que:

— llevarlos con vosotros al mundo de los adultos cuantas veces sea posible;
— invitar con frecuencia a gente variada y nueva a vuestra casa;
— si vuestra vida es relativamente recluida, proporcionarles al menos experiencias de segunda mano de otras familias, ciudades o culturas por medio de libros o de la televisión;
— organizar visitas o «experiencias escolares» a sitios o situaciones por los que hayan mostrado una cierta inclinación (no dejéis todo esto en manos de la escuela porque sus fondos y contactos serán con toda seguridad limitados);
— asignar a los viajes una alta prioridad cuando establezcáis el presupuesto familiar, e
— involucrarles (personalmente si es posible) en asuntos comunitarios o internacionales.

Hay que dar a las separaciones un carácter positivo

Desde el momento en que comenzamos a jugar al «escondite» con nuestros pequeños, los estamos preparando para la separación: un proceso que debería continuar lentamente y paso a paso hasta que tengan la autoconfianza y la competencia necesarias para sobrevivir en el mundo de forma autónoma.

En un mundo ideal, la cadencia de esta separación estaría en consonancia con las características particulares de cada niño; sin embargo, la realidad que impone la vida moderna es que nuestros hijos tienen que amoldarse al calendario vigente en la sociedad. Por ejemplo, todo el mundo espera —e incluso existen leyes al respecto— que los niños comiencen y terminen el colegio a una determinada edad. De los niños que tienen dificultades para acomodarse al «calendario de separación» existente en el mundo que los rodea, se dice generalmente que «tienen problemas» (una etiqueta que sólo puede tener un impacto negativo en su autoconfianza).

La verdad es que, en la inmensa mayoría de las veces que esto ocurre, son los *padres* los que tienen problemas, no los niños; son ellos los que no pueden domeñar la muy natural ansiedad que acompaña a la separación.

Si la razón para que esto suceda no es la de que estáis asidos a vuestros hijos para satisfacer una necesidad personal, sino más bien que estáis un poco despistados y no muy seguros de cómo manejar la situación, ¿qué es lo que podéis hacer entonces?

En primer lugar, lo que tenéis que hacer es volver a ganar confianza en vuestra capacidad para comprender las necesidades de vuestros hijos y dejar de buscar los consejos específicos de otras personas; especialmente si os dais cuenta (¡como me ha pasado a mí muchas veces!) de que dichos consejos son contradictorios (por ejemplo: «Nunca lleves a un niño o a una niña a una guardería antes de que cumpla los tres años, porque...», o bien: «Siempre hay que llevar a los niños a la guardería antes de su segundo cumpleaños, porque...»).

En segundo lugar, daos el mayor tiempo posible para hacer un trabajo preparatorio con vuestra niña o vuestro niño, como, por ejemplo, tomar algunas o todas las medidas siguientes:

- Comenzad a hablar de la separación (cualquiera que ésta sea) de forma positiva con una antelación de varias semanas o días.
- Referíos a la separación como algo indefectible, ligándola al mismo tiempo a cualquier otro acontecimiento positivo. («En Navidades, cuando ya lleves tres meses de escuela, podremos ir a...»)
- Asociad el hecho de la separación a la emocionante circunstancia de hacerse mayor.
- Evitad hacer comparaciones con los avances de otros niños («Johnny ya ha empezado a...») y, si es posible, impedid que

otros niños las hagan. («Es todavía un bebé; cuando yo tenía seis años ya estaba en...»)

- Recordadles los avances que ya hayan hecho.
- Compartid con ellos alguna experiencia positiva similar que hayáis tenido y absteneos de no referir cualquier acontecimiento negativo que se os venga a la memoria (por ejemplo, la horrible operación de amígdalas que tuvisteis a los siete años). Si tenéis necesidad de airear este tipo de acontecimientos, contádselos a otros adultos.
- Mostradles a vuestros hijos el lugar al que van a ir, bien en la realidad o bien a través de fotos (por ejemplo, la escuela, el hospital, el campamento, etc.).
- Concertad un encuentro con la persona adulta que estará a cargo de ellos o, si es posible, conseguid una foto de ella. Paralelamente, procurad que conozcan a otros niños que hayan estado antes en el lugar en cuestión.
- Si la separación supone pasar una noche fuera de casa, comenzad a preparar, con bastante antelación al hecho, una bolsa con objetos que sean de su agrado (por ejemplo, fotos, un juguete o un camisón o un pijama nuevo de niña o niño mayor, una decorativa tarjeta con números de teléfono, etc.).
- Recordad a vuestros hijos sus juegos y símbolos de relajación.
- Tranquilizadles con lo que estaréis haciendo mientras ellos estén fuera de casa, dándoles una imagen positiva de la circunstancia (no, por supuesto, la de unos padres paralizados por la angustia y el desasosiego).
- Si es posible o apropiado, procurad que hagan un pequeño ensayo previo (por ejemplo, permanecer primero fuera de casa sólo una noche o permitidles que hagan solos un recorrido en autobús o instalad una tienda de campaña en el jardín).
- Habladles de lo impacientes que estáis por escuchar a su vuelta «todo lo que hayan hecho».

Hay que darles información y preparación para la independencia

Sin duda alguna, el mundo hoy en día es un lugar muy complejo para vivir en él, por lo que incluso el más apto y hábil de nosotros se puede encontrar en muchas ocasiones perdido y empequeñecido. Tenemos, pues, la responsabilidad de hacer que nuestros hijos acepten el hecho de que una independencia «pura» es en la actualidad prácticamente imposible de alcanzar; no obstante, cuanto más pertrechados de facultades de supervivencia y de conocimientos estemos, más seguros de nosotros mismos nos sentiremos y más competentes seremos dentro de esa emocionante jungla de la rivalidad que constituye la sociedad de hoy. Por tanto, además de una buena y sólida educación que les equipará de un potencial adquirido, tenemos que *intentar* que, cuando dejen el hogar, nuestros hijos tengan también, por ejemplo:

— un concepto apropiado del valor del dinero y de su administración;
— posibilidad de autodefensa;
— conocimientos del cuidado de la salud física y psíquica;
— ideas de cómo administrar un hogar;
— capacidad para relacionarse con los demás (relaciones sexuales incluidas);

— una noción lo suficientemente buena de cómo la sociedad está administrada y gobernada;

— conocimiento de sus derechos legales básicos, y

— conocimiento de cómo obtener información y ayuda cuando se necesiten.

¿No os hubieseis sentido mucho más seguros al haber irrumpido en el mundo de los adultos con todo lo que acabamos de decir firmemente alojado en vuestra cabeza y en vuestro corazón?

Alimentar la independencia es mucho más laudable que cuidar de gente que, llegado el caso, podría cuidarse de sí misma.

M. SCOTT PECK

Quizá una de las razones por la que muchos padres persisten tanto tiempo en su papel de educadores sea la de haber recibido muchos mensajes negativos sobre lo horrible que puede llegar a ser el proceso de «dejar marchar» a sus hijos. Todos nosotros hemos escuchado muchas variaciones del mismo tema: «Disfrútalos mientras puedas...» o «Espera a que llegue la hora de...». Pero, a pesar de todo, ayudar a unos hijos seguros de sí mismos y con mentalidad positiva a hacer sus primeras correrías por el mundo puede ser algo tan interesante y gratificante como cualquier otro aspecto de la crianza y educación de los hijos. No hace mucho, yo misma experimenté uno de los momentos más intensos y memorables de alegría de mi vida. Sucedió de una forma completamente espontánea e inesperada, estando yo sentada con mi familia a la mesa de un restaurante. Estábamos celebrando el vigésimo cumpleaños de mi hija mayor a raíz de su vuelta de un viaje alrededor del mundo, como asimismo el retorno de su hermana de dieciséis años de unas vacaciones totalmente independientes en España. Durante unas pocas horas antes había estado completamente embelesada escuchando sus relatos de nuevas y emocionantes experiencias y de algún que otro desafío que ellas, con todo coraje y maestría, habían logrado superar cuando, de repente, me di cuenta de que me embargaba un intenso sentimiento de felicidad y paz.

Me consta que el don de la autoconfianza no tiene garantía para toda la vida. No obstante, a pesar de que necesite recargarse de vez en cuando, puede ciertamente surtir a sus propietarios, al parecer de manera permanente, de una consistente fortaleza emocional y de un talante positivo.

Mucha suerte con la preparación y mejora de este precioso regalo para vuestros hijos y espero que también vosotros disfrutéis de sus recompensas.

OTROS TÍTULOS

COLECCIÓN AUTOAYUDA

Tú decides tu vida
Patricia Diane CotaRobles

Ahora es el momento de tomar las riendas de tu vida. Tú tienes talentos, cualidades, capacidades especiales y dones únicos que ningún otro ser humano sobre la Tierra posee. Si deseas desarrollarlos y alcanzar la paz interior, la armonía, el control de tu vida y el éxito más allá de tus mayores expectativas, este libro es para ti.

Autoestima
Virginia Satir

Autoestima es una declaración de la propia dignidad, un reencuentro y un abrazo interno para la persona que busca afirmar su identidad. En ninguna otra obra se ha dirigido la doctora Satir al ser humano de forma más elocuente que en esta obra, un sencillo poema, breve en extensión pero inmenso en su sabiduría, que expresa inmejorablemente ese tesoro inagotable que hay dentro de ti.

Aprende a quererte
Sharon Wegscheider-Cruse

Este libro es una travesía hacia la verdadera autovaloración, aquella que surge de la comprensión de todo lo que nos aleja de nosotros mismos. En él la autora nos muestra nuevas perspectivas que nos enseñan a aumentar nuestra autoestima y, de este modo, establecer las bases de una existencia feliz.

Autodesarrollo y plenitud personal
David Sheinkin

El doctor Sheinkin, un reconocido psiquiatra experto en terapias alternativas y en la sabiduría oriental, sintetiza en esta obra lo mejor de la psicoterapia occidental y de las prácticas psicofísicas orientales, aportando las claves y las técnicas más efectivas para lograr la plenitud y la felicidad.

Convivir con el cambio
Ursula Markham

Esta viva y simpática guía describe fórmulas prácticas de manejar los cambios que la vida nos depara: un despido, un cambio de casa, el matrimonio, un accidente, una crisis o el envejecimiento. Desde un enfoque positivo y plenamente útil, muestra que siempre es posible sacar provecho del cambio, aprender algo en el proceso de afrontarlo y disminuir al mínimo sus eventuales efectos perniciosos.

La hija del héroe
Maureen Murdock

La imagen del padre ejerce una influencia decisiva en las mujeres al punto de que, inconscientemente, penamos intentando ser esa mujer capaz de emularle o que le agradará.

La imagen de ese héroe se interpone en nuestras relaciones y nos aleja de nosotras mismas llenándonos de sufrimiento. Esta obra invita a sanar nuestras heridas y a construirnos nuevos futuros claramente femeninos.

El hombre multiorgásmico
Mantak Chia & Douglas Abrams Arava

Cualquier hombre puede experimentar orgasmos múltiples e incrementar espectacularmente su capacidad sexual con sólo aprender unas simples técnicas. Y lo mejor de todo: *El hombre multiorgásmico* revela los secretos que te permitirán tener el mejor sexo de tu vida.

Entra en la magia de la vida
Gill Edwards

Ha llegado el momento de revisar nuestro viejos enfoques y despertar a una visión más amplia de la realidad.

Esta magnífica obra revela que la vida es mágica y que tenemos maravillosas posibilidades a nuestro alcance. Con ella descubriremos recursos que ignorábamos tener y aprenderemos multitud de prácticas maneras de emplearlos en nuestro propio beneficio.

Tu sexto sentido
Belleruth Naparstek

Tu sexto sentido trata sobre cómo reconocer, cultivar y dirigir ese don natural con el que todos hemos nacido, algo tan nuestro y común como lo son nuestros ojos, lengua, oídos y piel.

Basándose en datos científicos, así como en su propia experiencia, la psicoterapeuta Belleruth Naparstek muestra cómo despertar nuestros poderes latentes de conciencia y percepción.

Exceso de equipaje
Judith Sills

¡No hay nada más difícil que verse la viga en el ojo! Pero con esta guía práctica descubrirás esos puntos ciegos que tantas dificultades te ocasionan y aprenderás a librarte del exceso de equipaje.

El poder del pensamiento negativo
Tony Humphreys

Una obra única y revolucionaria con la que aprenderás a identificar tus actitudes y aspectos aparentemente «negativos», a comprender su función como útiles y poderosas herramientas de protección, a utilizarlos beneficiosamente para comprender tus partes vulnerables y a reorientar toda la energía que inviertes en ellos para reutilizarla como poder creativo y sanador.

Autoestima para niños y padres *(en prensa)*
Tony Humphreys

La clave para el éxito escolar y humano de tus hijos reside en la imagen que tienen de sí mismos y en la confianza en su propia valía. Esta valoración depende fundamentalmente de nosotros, pues somos el espejo donde se miran nuestros hijos. Esta obra enseña a desarrollar la autoestima tanto de los niños como de sus padres y a crear en el hogar un contexto de bienestar y seguridad emocional.

Si deseas recibir información gratuita
sobre nuestras novedades

- Llámanos
  - o
- Manda un fax
  - o
- Manda un e-mail
  - o
- Escribe
  - o
- Recorta y envía esta página a:

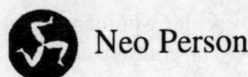 Neo Person

C/ Alquimia, 6
28935 Móstoles (Madrid)
Tel.: 91 614 53 46 / 91 614 58 49
Fax: 91 618 40 12
E-mail: alfaomega@sew.es

Nombre: ....

Primer apellido: ....

Segundo apellido: ....

Domicilio: ....

Código Postal: ....

Población: ....

País: ....

Teléfono: ....

Fax: ....